I ♥ Backen

FRANZI SCHWEIGER

Süßkartoffel-Orangen-Kuchen
auf der Seite 108

Himbeer-Tartelettes
auf der Seite 36

Franzis Zitronencremetarte
auf der Seite 08

Fürstätter Krustenbrot auf der Seite 162

Inhalt

Herzlich willkommen in Franzis Backstube

Geht es Ihnen auch so? Mich packt der Duft von frisch gebackenem Kuchen jedes Mal wieder aufs Neue! Es fühlt sich sogar kurz an, als hätte ich Schmetterlinge im Bauch. Meine Gedanken spielen verrückt, und ich fühle mich wie auf Wolke sieben. Ich sag es Ihnen, was es bei mir mit dem Backen auf sich hat: Es ist keine Liebelei, kein Flirt, kein Speeddating, keine halbe Sache oder ein One Night Stand. Ich lieeeebe BACKEN!

Als Kind war der Backofen meiner Oma mein Fernseher. Und das Tollste daran war, dass aus dem schwarzen Kasten nicht nur duftender Dampf herausströmte, sondern auch noch etwas Süßes zum Essen drin war. Der warme Kuchen war wie eine verbotene Frucht, die man, bevor sie ausgekühlt war, nie anschneiden oder probieren durfte. Ich habe es natürlich trotzdem gemacht. Ganz heimlich habe ich eine Ecke abgebrochen und dann den Kuchen so hindrapiert, dass es keiner sehen konnte.

Ich liebe Überraschungen. Sie hoffentlich auch. Oft braucht es nur ein paar ungewöhnliche Gewürze oder eine überraschende Kombination von Zutaten, um ein klassisches Gebäck in etwas ganz Besonderes zu verwandeln. Viele neue aufregende Rezepte für dieses Buch habe ich nach Feierabend in meinem Münchner Restaurant „schweiger²" in aller Herrgottsfrühe in meiner kleinen Küche entwickelt. Nehmen wir meinen Marmor-Gugelhupf mit Matchatee oder das Blaukraut-Baguette auf Seite 166. Ich habe vor dem Ofen gesessen und gebetet, dass mein Plan aufgeht und das Brot genauso aussieht, wie ich es mir vorgestellt hatte. Außen braun und knusprig und innen ... lila! Juchuu!

Ich bin einfach süchtig nach Rühren, Kneten, Teigstreicheln ... und Vernaschen! Hüftgold ist Nebensache. Inspiriert haben mich unsere Familienrezepte, vor allem Oma Hedwigs bayerische Mehlspeisen. Ihre Rohrnudeln habe ich in einen genialen Rosenkuchen verwandelt, mit selbst gemachter Erdbeerkonfitüre, einfach unwiderstehlich!

Viele Backbücher predigen Genauigkeit und gute Planung. Mein Motto im Leben und in der Küche lautet aber immer öfter „Break the rules!". Lassen Sie sich also überraschen von raffinierten Rezepten für jeden Tag, klassischen Kuchen mit dem gewissen Etwas und vielen eingeweckten Küchenschätzen, die auch an grauen Tagen den Geschmack von Sommer auf Ihren Teller zaubern.

Wie alles in der Küche meiner Oma begann

Bei uns Zuhause in Rosenheim wurde immer gebacken. Dazu brauchte es keinen besonderen Anlass. Meine Oma und meine Mutter sind genauso leidenschaftliche Backfans wie ich. Meine Großmutter macht fantastische Mehlspeisen, sie zaubert im Handumdrehen die leckersten Pfannkuchen und Rohrnudeln. Meine Mutter macht die allerbesten Kuchen überhaupt. Sie verwöhnt unsere Familie – seit ich denken kann – an den Wochenenden mit herrlichen Kuchen. Ein Sommer ohne ihren gestürzten Johannisbeerkuchen mit frisch gepflückten Beeren wäre kein Sommer gewesen!

Die Grundrezepte habe ich von meiner Familie gelernt. Sie sind die Grundlage für jede kreative Ableitung, deshalb erkläre ich am Anfang des Buches Step by Step wie man die Grundteige am besten zusammenrührt.

> »Für mich steht Kuchenduft ganz oben auf der Liste der schönsten Dinge im Leben.«

Süße Sünden – meine ersten Erfahrungen

Im Lauf der Jahre bin ich zur Liebhaberin in Sachen Süßspeisen geworden. Als die Frage aufkam, „Was soll denn die Franzi mal werden?", war klar, dass ich etwas Kreatives machen wollte. Ein Bürojob wäre unvorstellbar gewesen. Hin und her gerissen zwischen Goldschmiede und Konditorei, entschied ich mich schließlich fürs Frühaufstehen und tauchte ein in die einzigartig pudrige Atmosphäre einer Backstube. Ich wusste genau, mit dieser Wahl mach ich nicht nur mich selbst glücklich, sondern auch Oma und Mama stolz.

Ich lernte, wie man knusprige Brezen, Mandelhörnchen, Florentiner und die zartesten Buttercroissants mit der Hand fertigt, die Grundlagen, die bis heute meine Arbeit prägen. Dann zog ich von Rosenheim nach München, um in der Konditorei Richter mein Handwerk weiter zu verfeinern. Ich entdeckte die Confiserie für mich. Schokolade in allen Variationen! Pralinen und Trüffeln, köstliche Tafeln Schokolade und märchenhafte Hochzeitstorten.

In meiner Freizeit kehrte ich in kulinarischer Hinsicht immer wieder zurück zu meinen bodenständigen Wurzeln. Der Kaiserschmarren ist mein Reise-Klassiker. Egal wo ich in der Welt unterwegs war – ich habe ihn gebacken! Ob das auf einem Berg war, mit Mehl, Milch, Zucker und einem Gaskocher im Gepäck für den Kaiserschmarren auf 3 000 Meter Höhe oder in Singapur. „My friend, let's make a Kaiserschmarren!", habe ich zu meinem Gastgeber gesagt, der mich nur mit großen Augen anschaute, als ich anfing, seine winzige Küche auf den Kopf zu stellen. Zum Frühstück machte ich uns einen Kaiserschmarren mit Kokosmilch und Kokosflocken mit Mango vom Markt um die Ecke.

Mein Sprung zu den Sternen

Ich suche immer neue Herausforderungen. 2003 bekam ich eine Stelle als Patissière im Restaurant des Münchner Olympiaturmes. Dort oben, in 181 Metern Höhe, eröffneten sich mir im wahrsten Sinne des Wortes ganz neue Horizonte. Mit Feuereifer stürzte ich mich auf die Zubereitung der Desserts. Nach einem halben Jahr wurde ich zum Chefpatissier gekürt. Da blies mir ein ganz neuer Wind entgegen! Gerade mal 21 Jahre alt, musste ich mich gegen 14 männliche Kollegen behaupten. Wer schon einmal in einer großen Küche gearbeitet hat, weiß, dass der Umgangston über die

dampfenden Kochtöpfe hinweg erschreckend derb sein kann. „Franzi, das schaffst Du!", hab ich mir gesagt. Mit viel Humor und einem starken Willen behauptete ich mich in dieser Männerdomäne und lernte in zwei Jahren Vieles dazu, um die nächste große Herausforderung zu meistern.

2006 eröffnete ich mit meinem Mann das Restaurant „schweiger²" in München, aus dem Nichts heraus. Unser Mut und Ehrgeiz wurde 2009 mit einem Michelin Stern belohnt, den wir bis heute gehalten haben. So ein Sternchen zu halten kostet schon viel Mühe und Zeit … da bleiben leider nicht nur Familie und Freunde auf der Strecke, sondern auch das Kuchenbacken. Aber das sollte sich ändern!

Backen ist meine Leidenschaft

Dass ich ohne Kuchenbacken gar nicht leben kann, habe ich gemerkt, als ich eine Zeitlang darauf verzichten musste. In den Jahren, in denen wir Erfolge in der Sterne-Gastronomie feierten, verstaubte meine Teigschüssel im Schrank. Das musste sich ändern. Aber wie? Ein Patisserie-Onlineshop war die Lösung – Franzis Patisserie! Ich entwickelte einige wunderbare Rezepte für Kuchen im Glas und köstliche Kekse. Mit einem Grafiker entwarf ich coole Etiketten. Und dann legte ich los. Mein luftiger Schwarzbrotkuchen, den ich „Fettes Brot" getauft habe, ist der Renner. Die Kuchen werden ohne Konservierungsstoffe und Geschmacksverstärker gefertigt, sind also reine Naturprodukte und halten sich trotzdem lange frisch. Gebacken wird in Omas Küche in Rosenheim, bis ich meinen alten Bauernhof zur Backstube umgebaut habe. Dort habe ich vor, im kleinen Kreise Backkurse anzubieten in einer idyllischen Atmosphäre, mit Holzhacken und Brotofen anschüren, Beeren ernten im Garten, mit Waldspaziergängen, Backen, Kochen, Trinken, Lagerfeuer … und einfach das Leben genießen!

Meine Philosophie

Essen ist ein Hochgenuss. Die Krönung einer Speisenfolge ist ein feines Dessert, das Schönste am Tag ein Stück selbst gemachter Kuchen. Ich möchte, dass meine Leidenschaft fürs Backen auf alle überspringt. Gegenargumente wie „Keine Zeit!" gibt es nicht! Die Zutaten für einen leckeren Mürbe- oder Rührteig hat jeder im Kühlschrank, und sie sind im Handumdrehen zusammengerührt. Meine sommerliche Birnentarte oder die leckeren Frühstücksbrioche sind in 20 Minuten gemacht.

Ich will nicht dogmatisch auftreten, nicht jeder hat einen Hofladen um die Ecke. Aber frische Zutaten aus der Region sind die besten Voraussetzungen, um den besten Geschmack zu erzielen. Wenn es die Saison erlaubt, pflücke ich die Beeren für ein Sorbet und das Gemüse für einen herzhaften Kuchen aus unserem Rosenheimer Garten. In jedem Fall ist es viel gesünder, einen schnellen Kuchen zu backen, als im Kühlregal nach einem Fertigprodukt zu greifen. In diesen industriell hergestellten Teigen

sind so viele E-Stoffe und künstliche Aromen, die man nicht unbedingt zu sich nehmen sollte.

Spontaneität ist mir beim Backen und Kochen besonders wichtig, damit es nicht langweilig wird. Alles ist erlaubt, man darf sich was trauen, solange am Ende ein harmonisches Geschmackserlebnis entsteht. Nehmen wir als Beispiel meinen luftigen Schokoladenkuchen. Da kommt ein Schuss Weißbier mit Hefesatz vom Flaschenboden rein, der Alkohol verfliegt, was bleibt ist ein überraschend würziges Aroma. Rote-Bete-Saft habe ich immer im Kühlschrank. So ein Gläschen zwischendurch ist sehr gesund, und man kann damit hervorragend experimentieren, wenn man – wie beim Flamingokuchen – eine verrückte Farbe in einen Kuchen bringen will. Surprise!

Ich freu mich einfach wie ein Kind an den kleinen Wundern des Lebens: an der wunderbaren Mase-

> »Das Schönste am Tag ist ein Stück selbst gemachter Kuchen.«

rung von aufgeschnittenem Blaukraut. Oder an dem flüssigen Nugatkern, der aus meinem Nuss-Gugelhupf herausquillt, wenn man ihn aufschneidet. Das Auge isst mit! Ein Kuchen muss aber nicht immer wie eine Eins auf dem Teller stehen. Bestes Beispiel ist der Vanille-Grießkuchen auf Seite 84, der durch den hohen Grieß-Anteil sehr schwer ist und beim Backen zusammensitzt. Das spielt spätestens nach dem ersten Bissen aber keine Rolle mehr. Bodenständig und trotzdem raffiniert, das ist mein Stil.

Dieses Buch ist eine Liebeserklärung! Backen ist Leidenschaft pur, macht glücklich und entspannt und bringt Genuss in den Alltag. Warten Sie nicht auf Weihnachten oder den nächsten runden Geburtstag. Verwöhnen Sie sich und Ihre Liebsten in jeder Jahreszeit mit süßen und herzhaften Leckereien, die gesund sind und einfach köstlich schmecken.

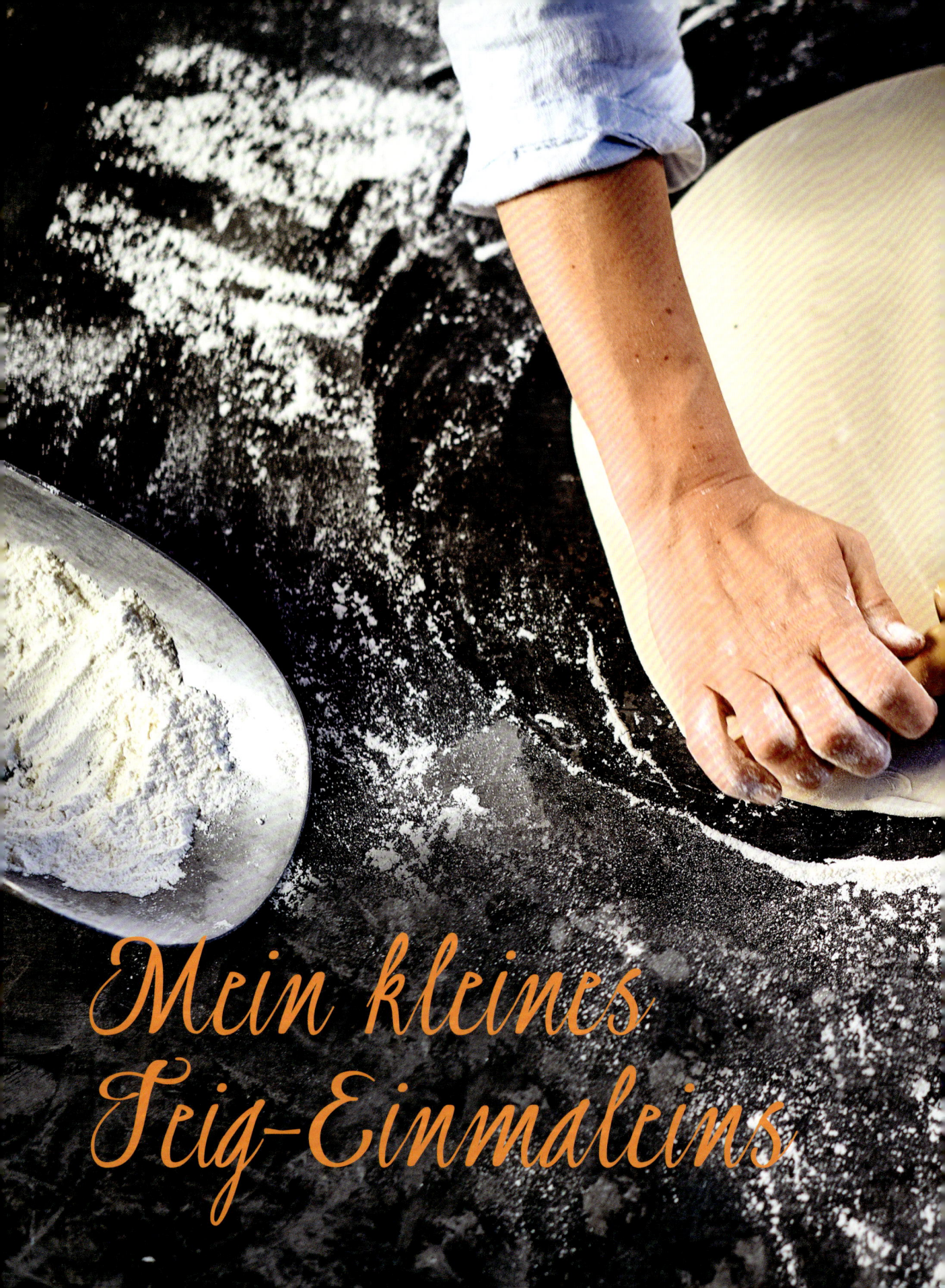

Mein kleines
Teig-Einmaleins

Biskuit

Den Backofen auf 200 °C Umluft vorheizen. Ein Backblech mit Backpapier auslegen. Das Mehl mit dem Backpulver sieben. Die Eier mit Zucker, Vanillezucker und 1 Prise Meersalz mit den Quirlen des Handrührgeräts hellschaumig schlagen. Das Mehl vorsichtig mit dem Schneebesen von Hand unter die Schaummasse heben.

Damit Biskuit locker gelingt, heißt es vor allem: Luft unter die Ei-Zucker-Masse schlagen, bis diese hellcremig ist und stark an Volumen gewonnen hat. Bei mir findet die Schaumschlägerei in der Küchenmaschine mit Schneebeseneinsatz statt, die in 2 bis 3 Minuten den perfekten Schaum zaubert. Wer das Handrührgerät mit Quirlen verwendet, sollte mindestens 5 Minuten Schlagzeit einplanen. Weiter geht es in Handarbeit: Mit dem Schneebesen wird das Mehl behutsam unter die Schaummasse gezogen. Ich siebe das Mehl dafür zuvor auf ein Stück Backpapier, von dem ich es zielgenau auf den Eischaum rutschen lassen kann. Backen Sie den Biskuit sofort im vorgeheizten Backofen. So bleiben die Luftbläschen erhalten, dehnen sich in der Hitze aus und sorgen für lockeres Gebäck. Dünne Biskuitplatten auf dem Blech backe ich nur wenige Minuten bei großer Hitze, damit sie flaumig werden und sich gut aufrollen lassen. Tortenböden brauchen etwas mehr Zeit und kommen bei mittlerer Hitze in den Ofen. Übrigens: für Biskuit nur den Boden der Form einfetten oder mit Backpapier auslegen, denn nur so kann die zarte Masse am Rand „hochklettern" und der Biskuitboden wird gleichmäßig hoch.

Masse auf dem Papier glatt streichen. Im Ofen auf der mittleren Schiene zunächst 5 Minuten backen. Ofentür kurz öffnen und die Temperatur auf 170 °C herunterschalten. Tür wieder schließen und den Biskuit 4 bis 5 Minuten fertig backen. Auf einen Bogen Backpapier stürzen. Oberes Papier abziehen, Biskuit abkühlen lassen.

Für die Himbeersahne die Gelatine in kaltem Wasser einweichen. Die Himbeeren verlesen, waschen und trocken tupfen. Himbeersaft und -geist in einem Topf leicht erhitzen, die Gelatine leicht ausdrücken und darin auflösen. Vanillemark und Zitronenschale unterrühren. Saftmischung in eine Schüssel umfüllen.

Die Sahne mit dem Puderzucker steif schlagen. Zunächst 2 bis 3 EL der geschlagenen Sahne mit dem Schneebesen von Hand unter die Gelatinemischung rühren, dann die restliche Sahne vorsichtig unterziehen. Die Himbeersahne gleichmäßig auf die Biskuitplatte streichen und die Himbeeren darauf verteilen.

Zutaten für 1 Biskuitroulade (ca. 15 Stücke)

Für den Biskuit:
100 g Weizenmehl (Type 405)
1 Msp. Backpulver
4 zimmerwarme Eier (Größe L)
100 g Zucker • 1 EL Vanillezucker
feines Meersalz

Für die Himbeersahne:
3 Blatt weiße Gelatine
300 g Himbeeren
90 ml Himbeersaft • 3 cl Himbeergeist
Mark von ½ Vanilleschote
abgeriebene Schale von ½ Bio-Zitrone
700 g Sahne • 100 g Puderzucker

Außerdem:
Puderzucker und Minzeblättchen
für die Deko (nach Belieben)

Zubereitung: ca. 30 Minuten
Backen: ca. 10 Minuten
Kühlen: mind. 3 Stunden

5

Nun die Biskuitroulade durch Anheben des Backpapiers von einer langen Seite beginnend vorsichtig einrollen und gut andrücken. Dann mit der Naht nach unten auf eine Kuchenplatte setzen und zugedeckt im Kühlschrank mindestens 3 Stunden durchziehen und die Himbeersahne fest werden lassen.

Biskuitroulade
mit
Himbeersahne

6

Zum Servieren die Roulade nach Belieben mit Puderzucker bestäuben und mit Minzeblättchen oder -streifen dekorieren.

Brandteig

Für die Windbeutel in einem Topf 100 ml Wasser mit Milch, Butter und Meersalz aufkochen lassen. Das Mehl sieben und anschließend auf einmal unter kräftigem Rühren mit einem Holzkochlöffel dazugeben. Die Masse glatt rühren.

Während der Zugabe der Eier achte ich immer gut auf die Konsistenz der Masse. Denn je nachdem, wie viel Flüssigkeit beim Abbrennen im Topf verdampft ist, braucht man für einen zähen, spritzfähigen Teig etwas weniger oder mehr Ei – vor allem, wenn Sie noch keine oder wenig Erfahrung mit Brandteig haben, verquirlen Sie die Eier zuvor am besten, damit sie sich besser dosieren lassen.

Im Ofen plustern sich die Windbeutel durch den im Teiginnern entstehenden Wasserdampf dann herrlich auf. Wenn Sie ihnen während des Backens zusätzlich noch so richtig Dampf machen, z.B. indem Sie vor dem Schließen der Ofentür mit einem Zerstäuber etwas Wasser in den Backraum sprühen, erfolgt die Krustenbildung im heißen Ofen nicht zu schnell und das Gebäck kann besonders gut aufgehen. Ist der Ofen dann erst einmal zu, heißt es: Ofentür bitte nicht vor Ende der Backzeit öffnen! Denn erst wenn die Gebäckkruste ausreichend gefestigt und schön goldbraun ist, fällt die Pracht beim Öffnen der Backofentür nicht wieder in sich zusammen und bleibt gut in Form.

Dann die Masse unter kräftigem Rühren „abbrennen": so lange weiterrühren, bis sie sich als zusammengeballter Teigkloß vom Topfboden löst und sich ein dünner weißer Belag am Topfboden gebildet hat. Den Topf vom Herd nehmen.

Die Masse in eine Schüssel oder die Küchenmaschine füllen. Die Eier nacheinander unter Rühren mit den Quirlen des Handrührgeräts oder dem Schneebeseneinsatz der Küchenmaschine hinzufügen. Den Backofen auf 160°C Umluft vorheizen.

Ein Backblech mit Backpapier auslegen. Die Masse in den Spritzbeutel mit Tülle füllen. 24 kleine Rosetten mit etwa 8 cm Abstand zueinander auf das Backpapier spritzen. Alternativ mithilfe von zwei Esslöffeln Teighäufchen auf das Blech setzen.

Für 24 Stück à 3 cm Ø

Für die Windbeutel:
100 ml Milch
90 g Butter
2 g feines Meersalz (ca. ¼ TL)
110 g Weizenmehl (Type 405)
4 Eier (Größe M)

Für die Füllung:
250 g Erdbeeren
500 g Sahne
50 g Puderzucker
Mark von ½ Vanilleschote

Außerdem:
Spritzbeutel
Loch- oder Sterntülle (12 mm Ø)
essbare Blüten zum Dekorieren
(z.B. Holunderblüten) oder
Puderzucker zum Bestäuben

Zubereitung: ca. 30 Minuten
Backen: 20–25 Minuten

5

Im Ofen auf der mittleren Schiene 20 bis 25 Minuten goldbraun backen. Währenddessen die Ofentür nicht öffnen, da die Windbeutel sonst zusammenfallen. Vom Blech nehmen und auf einem Kuchengitter abkühlen lassen. Waagerecht halbieren.

Windbeutel
mit
Vanillesahne

6

Für die Füllung Erdbeeren waschen, putzen und eventuell halbieren oder vierteln. Sahne mit Zucker und Vanillemark steif schlagen, in den Spritzbeutel füllen und auf die Windbeutel-Unterhälften spritzen. Erdbeeren und obere Windbeutelhälften darauflegen. Mit Blüten oder Puderzucker dekorieren.

Hefeteig

Frische Hefe, die muschelartig bricht und angenehm riecht, bietet die besten Voraussetzungen für flaumiges Hefegebäck. Ist die Hefe trocken und rissig, hat die Triebkraft meist schon nachgelassen. Der Teig braucht dann entweder sehr viel länger zum Aufgehen oder bleibt im schlimmsten Fall regelrecht „sitzen". Wichtig ist auch die Temperatur der zugefügten Flüssigkeit und die Umgebungstemperatur: zwischen 20 und 40°C sind optimal. Während Sie dem Teig bei einer niedrigeren oder nur leicht höheren Temperatur allerdings einfach nur etwas mehr Zeit gönnen müssen, geht bei einer Temperatur über 60°C gar nichts mehr, da die Hefezellen absterben. Deshalb die Milch unbedingt nur lauwarm erhitzen! Und dann heißt es: ausgiebig kneten, damit sich die Zutaten zum Teig verbinden. Vor allem Hefeteig-Unerfahrenen empfehle ich das Kneten mit den Händen, da man so am besten ein Gefühl für die richtige Teigkonsistenz bekommt. Er sollte nicht mehr klebrig sein und sich weich sowie elastisch anfühlen. Falls Sie eine Küchenmaschine verwenden: Lassen Sie diese nur auf niedriger Stufe kneten, denn andernfalls besteht die Gefahr, den Teig zu „überkneten". Er wird dann weich und zäh.

Die Milch lauwarm erhitzen. Das Mehl in eine große Schüssel sieben und eine Mulde in die Mitte drücken. Die Hefe hineinbröckeln und mit 150 ml Milch, 2 EL Zucker und etwas Mehl vom Rand verrühren. Den Vorteig zugedeckt an einem warmen Ort etwa 20 Minuten gehen lassen.

Restlichen Zucker, 1 gestr. TL Meersalz, Eier, Zitronenschale, Butter, Rum sowie die restliche Milch zum Vorteig geben. Alles 5 bis 10 Minuten zu einem glatten, elastischen Teig verkneten, der sich von der Schüssel löst. Sollte der Teig zu klebrig sein, noch etwas Mehl unterkneten.

Die Rosinen zum Teig geben und kurz unterkneten. Den Teig zugedeckt an einem warmen Ort 30 Minuten gehen lassen, bis sich sein Volumen etwa verdoppelt hat. Ein Backblech mit Mehl bestäuben oder mit Backpapier auslegen.

Den Hefeteig auf der mit Mehl bestäubten Arbeitsfläche nochmals kurz und kräftig durchkneten und dann in drei gleich große Stücke teilen. Jedes Teigstück auf der Arbeitsfläche mit den Händen zu einem gleichmäßig dicken Strang knapp in Länge des Backblechs rollen.

Für 1 Zopf (ca. 20 Stücke)

Für den Hefeteig:
¼ l Milch
540 g Weizenmehl (Type 405)
½ Würfel Hefe (21 g)
100 g Zucker
feines Meersalz
2 Eier (Größe M)
abgeriebene Schale von ½ Bio-Zitrone
80 g weiche Butter
1 EL Rum • 80 g Rosinen

Außerdem:
Mehl für das Blech und
die Arbeitsfläche
etwas Milch zum Bestreichen
1 Eigelb zum Bestreichen

Zubereitung: ca. 30 Minuten
Ruhen: ca. 1 Stunde 20 Minuten
Backen: 30–35 Minuten

Die Teigstränge nebeneinanderlegen und zu einem Zopf flechten, dabei die Enden der Stränge jeweils aneinanderdrücken. Zopf auf das Blech legen, mit Milch bestreichen und weitere 20 bis 30 Minuten gehen lassen, bis sich das Volumen verdoppelt hat. Inzwischen den Backofen auf 165 °C Umluft vorheizen.

Hefezopf
~~~
mit Rosinen

Den Hefezopf im Ofen auf der mittleren Schiene 20 Minuten backen, dann mit Eigelb bestreichen und weitere 10 bis 15 Minuten goldbraun fertig backen. Vom Blech nehmen und auf einem Kuchengitter vollständig abkühlen lassen.

Mürbeteig

Für den Teig das Mehl sieben und mit Butter, Zucker, Zitronenschale, 1 Prise Meersalz sowie dem Ei rasch zu einem glatten Teig verkneten. Den Teig zu einer Kugel formen, diese etwas flach drücken und in Frischhaltefolie gewickelt mindestens 30 Minuten kühl stellen. Die Tarteform mit Butter einfetten und mit Mehl ausstäuben.

Während klassisch für Mürbeteig meist kalte Butter verwendet wird, nehme ich am liebsten weiche Butter. Damit lassen sich die Zutaten unproblematisch und schnell verarbeiten. Wichtig ist nur: mit dem Kneten aufhören, sobald ein glatter Teig entstanden ist! Durch zu langes Kneten trennen sich Mehl und Fett voneinander, der Teig würde zäh und grieselig. Den fertigen Teig sollten Sie dann mindestens 30 Minuten kühl stellen, damit er sich anschließend gut ausrollen lässt. Die Kühl- und Ruhezeit sorgt zudem dafür, dass sich das Gebäck später gut aus der Form löst und schön mürbe wird. Gut verpackt kann Mürbeteig vor der Weiterverarbeitung jedoch problemlos auch zwei Tage im Kühlschrank liegen, übrig gebliebene Teigreste friere ich auch gern ein.

Der gut gekühlte Teig lässt sich auf wenig Mehl ausrollen, achten Sie nur darauf, dass auch Arbeitsfläche, Nudelholz und Hände kühl sind. Mein Gelingtrick für Ungeübte: Den Teig zwischen zwei Lagen Frischhaltefolie, aufgeschnittenen Gefrierbeuteln oder Backpapier ausrollen. Bei saftigen Belägen schützt anschließend eine Schicht Weißbrotbrösel auf dem Teigboden vor dem Durchweichen während des Backens. Ich lege alternativ auch oft einen dünnen Biskuitboden in Formgröße auf den Mürbeteig.

Den Teig auf der leicht bemehlten Arbeitsfläche etwa 4 mm dünn ausrollen. Die Form mit dem Teig auslegen, den überstehenden Rand mit dem Messer entlang der Form gerade abschneiden. Den Teigboden gleichmäßig mit den Bröseln ausstreuen, damit er während des Backens nicht durchweicht.

Den Backofen auf 200 °C Umluft vorheizen. Für den Belag die Aprikosen waschen, trocken tupfen, halbieren und entsteinen. Die Butter in einem Topf bei schwacher Hitze zerlassen. Die Eier trennen. Die Vanilleschotenhälfte längs aufschneiden und das Mark mit einem kleinen, spitzen Messer herauskratzen.

Die Hälfte des Zuckers mit Stärke, Vanillemark, Sauerrahm und Eigelben glatt verrühren. Die Butter und die Zitronenschale unterrühren. Die Eiweiße mit dem restlichen Zucker und 1 Prise Meersalz zu einem cremigen, festen Schnee schlagen. Den Eischnee vorsichtig unter die Sauerrahmmasse ziehen.

Für 1 Tarteform von 32 cm Ø (16 Stücke)

Für den Mürbeteig:
300 g Weizenmehl (Type 405)
200 g weiche Butter • 100 g Zucker
abgeriebene Schale von ½ Bio-Zitrone
feines Meersalz • 1 Ei (Größe M)

Für den Belag:
400 g Aprikosen • 70 g Butter
4 Eier (Größe M) • ½ Vanilleschote
100 g Zucker • 25 g Speisestärke
300 g Sauerrahm (saure Sahne)
abgeriebene Schale von ½ Bio-Zitrone
feines Meersalz

Außerdem:
Butter und Mehl für die Form
Mehl für die Arbeitsfläche
3 EL Weißbrotbrösel

Zubereitung: ca. 30 Minuten
Kühlen: ca. 30 Minuten
Backen: ca. 50 Minuten

5

Die Sauerrahmmasse auf den Teigboden füllen und mit einem Esslöffel
oder einem Teigschaber gleichmäßig
darauf glatt streichen. Die Aprikosen-
hälften mit gleichmäßigem Abstand
zueinander leicht in die Sauerrahmmasse drücken, nach Belieben mit
den Schnittflächen nach oben oder
unten.

Aprikosentarte
mit Sauerrahm

6

Die Tarte im Ofen auf der untersten Schiene zunächst 10 Minuten backen. Dann
die Ofentemperatur auf 170 °C Umluft herunterschalten, die Tarte für ein gleich-
mäßiges Backergebnis eventuell etwas drehen. Weitere 40 Minuten fertig backen.

Rührteig

Den Backofen auf 200°C Umluft vorheizen. Die Kastenform mit Butter einfetten und mit Mehl ausstäuben oder mit Backpapier auslegen. Butter mit Zucker, Zitronenschale, -saft, Vanillemark sowie 1 großen Prise Meersalz in der Küchenmaschine schaumig rühren.

Das A und O für lockeren Rührkuchen ist natürlich das Rühren: Butter, Zucker und Eier sollten Sie ausgiebig auf starker Stufe zu einer hellen Creme aufschlagen, die Mehlmischung dann nur kurz und auf niedriger Stufe unterrühren. Nehmen Sie Butter und Eier etwa 30 Minuten vorher aus dem Kühlschrank, damit sie Zimmertemperatur annehmen können – so lässt sich die Butter gut rühren und die Zutaten verbinden sich optimal. Für den besonders zitronigen Geschmack kommt bei mir immer frisch geriebene Zitronenschale und frischer Saft in den Teig. Damit von den aromatischen ätherischen Ölen aus der Schale nichts verloren geht, reibe ich diese direkt mit einer feinen Reibe in die Schüssel zur Butter. Und nicht vergessen: Die Backform immer gut und auch an den Rändern einfetten. Dafür weiche Butter mithilfe eines Pinsels in der Form verteilen, dabei die Ecken besonders sorgfältig ausstreichen. Vor allem bei stark zuckerhaltigen Teigen empfiehlt sich zusätzlich das Ausstäuben mit Mehl, damit sich der Kuchen später gut aus der Form löst. Alternativ können Sie die Form auch mit Backpapier auslegen. Durch das Einschneiden des Kuchens nach einer kurzen Anbackzeit reißt die Oberfläche während des weiteren Backens nicht wilkürlich auf.

Alternativ die Buttermasse mit den Quirlen des Handrührgeräts schaumig rühren. Die Eier in eine Schüssel aufschlagen.

Die Eier nacheinander zur Buttermasse geben und jeweils so lange unterrühren, bis sich alle Zutaten wieder gut verbunden haben. Die Masse weiterschlagen, bis sie hellcremig ist.

Das Mehl mit der Speisestärke und dem Backpulver mischen und sieben. Die Mehlmischung nur so lange unter die schaumige Buttermasse rühren, bis ein glatter Teig entstanden ist.

Zutaten für 1 Kastenform von 30 cm Länge
(ca. 15 Stücke)

Für den Rührteig:
250 g weiche Butter
250 g Zucker
abgeriebene Schale von 2 Bio-Zitronen
50 ml Zitronensaft
Mark von ½ Vanilleschote
feines Meersalz
5 Eier (Größe M)
150 g Weizenmehl (Type 405)
125 g Speisestärke • 1½ TL Backpulver

Für die Deko (nach Belieben):
50 g Puderzucker
ca. 2–3 TL Zitronensaft
Zesten von 1 Bio-Zitrone

Außerdem:
Butter und Mehl für die Form

Zubereitung: ca. 15 Minuten
Backen: ca. 50 Minuten

5 Teig in die Form füllen, glatt streichen und im Ofen auf der mittleren Schiene 10 Minuten backen. Temperatur auf 160 °C Umluft herunterschalten, den Kuchen längs 1 cm tief einschneiden und 40 Minuten fertig backen.

Sandkuchen ～ *mit Zitrone*

6 Aus dem Ofen nehmen und in der Form lauwarm abkühlen lassen. Vorsichtig aus der Form lösen und auf einem Kuchengitter vollständig abkühlen lassen. Für die Deko nach Belieben aus Puderzucker und Zitronensaft einen streichfähigen Guss anrühren und den Kuchen damit überziehen. Mit Zitronenzesten dekorieren.

Strudelteig

Das Geheimnis für meinen hauchdünnen Strudelteig: Gönnen Sie ihm eine lange Ruhezeit, denn dadurch wird er besonders elastisch und lässt sich ohne zu reißen ausziehen. Ich bereite den Teig deshalb immer am Vortag zu, dann ist er am nächsten Tag perfekt. Zum Ausrollen lege ich ein großes, sauberes Küchentuch bereit, das ich dünn mit Mehl bestäube. Mit dem Nudelholz wird der Teig dann erst einmal so weit wie möglich ausgerollt. Bevor es dann ans Ausziehen über den Handrücken geht, muss die Teigplatte etwa 5 Minuten ruhen – während dieser Zeit entspannt der Teig und lässt sich anschließend weiter ausziehen.

Sobald die Teigplatte so dünn ist, dass das Muster des Küchentuchs gut durchscheint, können Sie ihn mit Butter bestreichen und füllen. Bei sehr saftigen Früchten empfiehlt es sich, die Teigplatte zuvor noch mit Weißbrot- oder Biskuitbröseln oder gemahlenen Nüssen zu bestreuen. Diese Zutaten binden überschüssige Flüssigkeit und verhindern so ein Durchweichen des Teigs. Zum Aufrollen dann einfach das Küchentuch auf einer Seite anheben und den Strudel mit dessen Hilfe nach und nach einrollen. Anschließend vorsichtig in die Form oder auf das Blech heben.

1 Für den Teig das Mehl in eine Schüssel sieben. Salz, Öl, Essig und nach und nach 150 ml lauwarmes Wasser unterkneten. Etwa 5 Minuten kräftig zu einem elastischen Teig verkneten. Teig halbieren und zu Kugeln formen, dünn mit Öl bepinseln und in Frischhaltefolie gewickelt bei Zimmertemperatur etwa 12 Stunden ruhen lassen.

2 Für die Füllung die Äpfel schälen, vierteln, entkernen, in Würfel schneiden und mit Zitronensaft beträufeln. Haselnüsse hacken. Vanilleschote längs aufschneiden, das Mark herauskratzen. Äpfel, Zitronenschale, Butter, Zucker, Zimt, Vanillemark, Rumrosinen, Rum, 1 Prise Meersalz, Haselnüsse und Sauerrahm mischen.

3 Eine große ofenfeste Form oder ein tiefes Backblech einfetten oder mit Backpapier auslegen. Backofen auf 175 °C Umluft vorheizen. Eine Teigkugel auf einem bemehlten Küchentuch (40 × 40 cm) mit dem Nudelholz etwas ausrollen. Kurz ruhen lassen, dann über den Handrücken vorsichtig zu einem hauchdünnen Rechteck ausziehen.

4 Die Teigplatte dünn mit etwas zerlassener Butter bestreichen. Die Hälfte der Apfelfüllung darauf verteilen, dabei rundum einen etwa 3 cm breiten Rand frei lassen. Die langen Teigränder über der Füllung einschlagen. Den Strudel mithilfe des Tuchs von einer kurzen Seite beginnend aufrollen.

Für 2 Strudel (à 10 Stücke)

Für den Strudelteig:
300 g Weizenmehl (Type 405)
5 g feines Meersalz • 3 EL Öl • 1 EL Essig

Für die Apfelfüllung:
1,2 kg säuerliche Äpfel (z.B. Boskop)
Saft und Schale von ½ Bio-Zitrone
100 g geröstete Haselnusskerne (siehe
S.195) • ½ Vanilleschote
100 g zerlassene Butter
150 g Zucker • ½ TL Zimtpulver
100 g Rumrosinen (siehe S.196)
40 ml Rum • feines Meersalz
100 g Sauerrahm (saure Sahne)

Außerdem:
Öl zum Bepinseln des Teigs
Butter für die Form • Mehl zum Ausrollen
60 g zerlassene Butter zum Bestreichen

Zubereitung: ca. 50 Minuten
Ruhen: ca. 12 Stunden
Backen: 40–50 Minuten

5

Den Strudel mit der Naht nach unten in die Form beziehungsweise auf das Blech legen. Die Strudeloberfläche dünn mit zerlassener Butter bestreichen. Aus der zweiten Teigkugel, der restlichen Füllung und der zerlassenen Butter einen weiteren Strudel auf die gleiche Weise herstellen und in die Form oder auf das Blech legen.

Apfelstrudel

mit Rumrosinen

6

Die Strudel im Ofen auf der mittleren Schiene 40 bis 50 Minuten goldbraun backen. Herausnehmen und etwas abkühlen lassen. Nach Belieben mit Puderzucker bestäuben und mit gerösteten, gehackten Haselnusskernen bestreuen.

Aus dem Sommergarten

Rhabarber-Franchipan-Tarte

**Für 1 Tarteform von 28 cm Ø
(12 Stücke)**

Für den Rhabarberbelag:
500 g Rhabarber
50 g Zucker

Für den Mürbeteig:
300 g Weizenmehl (Type 405)
100 g Zucker
200 g weiche Butter
feines Meersalz
abgeriebene Schale von
½ Bio-Zitrone

Für die Marzipanfüllung:
200 g Marzipanrohmasse
75 g weiche Butter
40 g Honig
4 Eier (Größe M)
abgeriebene Schale von
1 Bio-Zitrone
2 EL Vanillezucker
30 g Weizenmehl (Type 405)

Außerdem:
Butter und Mehl für die Form
Mehl für die Arbeitsfläche
getrocknete Hülsenfrüchte
zum Blindbacken

Zubereitung: ca. 40 Minuten
Kühlen: mind. 30 Minuten
Backen: ca. 40 Minuten

1. Für den Belag den Rhabarber putzen und waschen. Die Rhabarberstangen in etwa 6 cm lange Stücke schneiden und je nach Dicke längs halbieren. In einer ofenfesten Form oder einem tiefen Backblech mit dem Zucker vermischen und zum Ziehen beiseitestellen.

2. Für den Mürbeteig das Mehl mit dem Zucker, der Butter, 60 ml eiskaltem Wasser, 1 Prise Meersalz und der Zitronenschale rasch zu einem glatten Teig verkneten. Den Teig zu einer Kugel formen, diese etwas flach drücken und in Frischhaltefolie gewickelt mindestens 30 Minuten kühl stellen.

3. Den Backofen auf 160 °C Umluft vorheizen. Die Rhabarbermischung im Ofen auf der mittleren Schiene 10 Minuten garen. Aus dem Ofen nehmen, abkühlen und anschließend in einem Sieb gut abtropfen lassen. Die Ofentemperatur auf 200 °C Umluft erhöhen.

4. Für die Füllung die Marzipanrohmasse mit den Fingern zerkleinern und mit der Butter in einem hohen Rührbecher mit den Quirlen des Handrührgeräts glatt verrühren. Den Honig mit den Eiern, der Zitronenschale und dem Vanillezucker unterrühren. Zum Schluss das Mehl unterarbeiten.

5. Die Tarteform mit Butter einfetten und mit Mehl ausstäuben. Den Mürbeteig nochmals kurz durchkneten und auf der leicht bemehlten Arbeitsfläche etwa 4 mm dünn ausrollen. Die Tarteform mit dem Teig auslegen, den überstehenden Teigrand mit einem Messer gerade abschneiden.

6. Den Teig mit Backpapier belegen, mit Hülsenfrüchten auffüllen und im Ofen auf der mittleren Schiene 20 Minuten blindbacken. Herausnehmen und das Backpapier mit den Hülsenfrüchten entfernen. Die Ofentemperatur auf 180 °C Umluft herunterschalten.

7. Die Marzipanmasse auf den Tarteboden geben und glatt streichen, den Rhabarber gleichmäßig darauf verteilen. Die Tarte vorsichtig in den Ofen stellen und 20 Minuten fertig backen. Herausnehmen und in der Form abkühlen lassen.

Gelingt leicht

herrlich fruchtig und
fein säuerlich

Dicke Frucht-Schokomousse-Torte

**Für 1 Springform von 26 cm Ø
(12 Stücke)**

Für den Biskuit:
5 Eier (Größe M)
120 g Zucker
2 EL Vanillezucker
100 g Weizenmehl (Type 405)
30 g Kakaopulver

**Für die Schokomousse
und die Füllung:**
200 g Zartbitterkuvertüre
6 Eigelb (Größe M)
50 g Puderzucker
240 g Sahne
4 Eiweiß (Größe M)
40 g Zucker
4 mittelgroße Bananen
Saft von 1 Zitrone
200 g Erdbeeren
4 EL Erdbeerkonfitüre

Für die Deko:
ca. 100 g Erdbeeren
ca. 3 EL Schokoladenraspel
einige Minze- oder Melissespitzen
(nach Belieben)

Außerdem:
Tortenring

Zubereitung: ca. 1 Stunde
Backen: 25–30 Minuten
Kühlen: über Nacht

1. Am Vortag für den Biskuit den Backofen auf 200°C Umluft vorheizen. Den Boden der Springform mit Backpapier auslegen.

2. Die Eier trennen. Die Eiweiße mit dem Zucker zu cremigem, festem Schnee schlagen. Die Eigelb mit dem Vanillezucker in einer Schüssel mit dem Schneebesen verrühren. Das Mehl mit dem Kakaopulver mischen und sieben. Die Mehlmischung und den Eischnee locker unter die Eigelbmischung heben. Die Biskuitmasse in die Form füllen und im Ofen auf der mittleren Schiene 25 bis 30 Minuten backen. Aus dem Ofen nehmen und auf einem Kuchengitter in der Form vollständig abkühlen lassen. Dann den Biskuit aus der Form stürzen und das Backpapier vorsichtig abziehen. Den Schokoladenbiskuit zweimal waagerecht durchschneiden, sodass drei gleich hohe Böden entstehen.

3. Für die Schokomousse die Kuvertüre in einer Metallschüssel unter Rühren über dem heißen Wasserbad schmelzen lassen, vom Herd nehmen und etwas abkühlen lassen. Die Eigelb mit dem Puderzucker in einer Metallschüssel über dem heißen Wasserbad mit dem Schneebesen hellcremig aufschlagen. Vom Wasserbad nehmen und mit den Quirlen des Handrührgeräts kalt schlagen. Die Sahne steif schlagen und kühl stellen. Die Eiweiße mit dem Zucker zu cremigem Schnee schlagen und vorsichtig mit der Eigelbmasse unter die Kuvertüre heben. Zum Schluss die Sahne unterziehen.

4. Die Bananen schälen, längs halbieren und mit Zitronensaft beträufeln. Die Erdbeeren waschen und putzen. Einen Biskuitboden auf eine Kuchenplatte legen, mit dem Tortenring umschließen und mit der Erdbeerkonfitüre bestreichen. Mit dem zweiten Boden bedecken und die Bananenhälften mit den Schnittflächen nach unten darauflegen. Ein Drittel der Schokoladenmousse auf die Bananen füllen und glatt streichen. Den letzten Boden vorsichtig darauflegen und leicht andrücken. Die Erdbeeren mit der Spitze nach oben am Rand verteilen. Die restliche Schokomousse darauf verteilen und kuppelförmig glatt streichen. Die Torte über Nacht im Kühlschrank fest werden lassen.

5. Am nächsten Tag für die Deko die Erdbeeren waschen, putzen, trocken tupfen und in Scheiben schneiden. Den Tortenring entfernen. Die Tortenoberfläche mit Schokoladenraspeln bestreuen, die Erdbeerscheiben locker daraufgeben und nach Belieben mit Minze- oder Melissespitzen verzieren.

Tipp

Die Torte wird noch saftiger, wenn Sie die Biskuitböden vor dem Füllen tränken. Dazu 100 ml Wasser mit 70 g Zucker aufkochen, abkühlen lassen und mit 3 cl Cachaça (Brand aus Zuckerrohrsaft) verquirlen. Die Tränke mit einem Pinsel auf die Tortenböden auftragen.

Bienenstich

**Für 1 Springform von 28 cm Ø
(12 Stücke)**

Für den Hefeteig:
125 ml Milch
260 g Weizenmehl (Type 405)
10 g frische Hefe
70 g Zucker
40 g weiche Butter
feines Meersalz
1 Ei (Größe M)
1 TL Rum

Für den Mandelbelag:
100 g Butter
150 g Zucker
2 EL Milch
150 g Mandelblättchen
abgeriebene Schale von
½ Bio-Zitrone

Für die Vanillesahne:
2 Blatt Gelatine
½ Vanilleschote
300 ml Milch
100 g Zucker
feines Meersalz
abgeriebene Schale von
1 Bio-Zitrone
2 EL Speisestärke
3 Eigelb (Größe M)
20 ml Rum
150 g Sahne

Außerdem:
Fett für die Form
Mehl für die Arbeitsfläche

Zubereitung: ca. 50 Minuten
Ruhen: ca. 1 Stunde
Backen: ca. 25 Minuten
Kühlen: mind. 2 Stunden

1. Für den Hefeteig die Milch in einem Topf lauwarm erhitzen. Das Mehl in eine Schüssel sieben und eine Mulde in die Mitte drücken. Die Hefe hineinbröckeln und mit der Milch, 1 TL Zucker und etwas Mehl vom Rand verrühren. Den Vorteig zugedeckt an einem warmen Ort etwa 10 Minuten gehen lassen, bis sich Risse an der Oberfläche zeigen.

2. Restlichen Zucker, Butter, ½ TL Meersalz, Ei sowie Rum zum Vorteig geben und alles mit den Knethaken des Handrührgeräts oder in der Küchenmaschine 5 bis 10 Minuten zu einem glatten, elastischen Teig verkneten, der sich von der Schüssel löst. Den Teig zugedeckt an einem warmen Ort etwa 30 Minuten gehen lassen, bis sich sein Volumen nahezu verdoppelt hat.

3. Inzwischen für den Mandelbelag die Butter mit Zucker, Milch, Mandelblättchen und Zitronenschale in einem Topf kurz aufkochen und lauwarm abkühlen lassen.

4. Die Springform einfetten. Den Hefeteig auf der leicht bemehlten Arbeitsfläche nochmals kurz durchkneten und in Größe der Springform ausrollen. Den Teig in die Form legen. Die lauwarme Mandelmasse vorsichtig gleichmäßig auf den Teig streichen und den Kuchen weitere 20 Minuten gehen lassen. Inzwischen den Backofen auf 190 °C Umluft vorheizen.

5. Den Kuchen im Ofen auf der mittleren Schiene etwa 25 Minuten goldbraun backen. Sollte der Belag währenddessen zu stark bräunen, den Kuchen mit Backpapier abdecken. Aus dem Ofen nehmen und in der Form auf einem Kuchengitter lauwarm abkühlen lassen, dann aus der Form lösen und vollständig abkühlen lassen. Den Kuchen waagerecht halbieren. Die obere Hälfte in 12 Tortenstücke schneiden.

6. Für die Vanillesahne die Gelatine in kaltem Wasser 10 Minuten einweichen. Die Vanilleschote längs aufschneiden und das Mark mit einem spitzen Messer herauskratzen. ¼ l Milch mit Vanillemark und -schote, Zucker, 1 Prise Meersalz und der Zitronenschale in einem Topf aufkochen. Inzwischen die Speisestärke mit der restlichen Milch glatt rühren. Die Vanilleschote aus der Milch entfernen. Die Stärkemischung unter Rühren zur Milch gießen und die Masse etwa 5 Minuten unter Rühren köcheln lassen. Den Topf vom Herd nehmen. Die Eigelbe sofort und unter ständigem Rühren in die Milchmischung geben. Die Gelatine ausdrücken und zusammen mit dem Rum unter den warmen Pudding rühren. Die Vanillecreme zugedeckt handwarm abkühlen lassen, währenddessen zwischendurch mehrmals durchrühren.

7. Die Sahne steif schlagen und vorsichtig unter die Vanillecreme ziehen. Die Vanillesahne auf der unteren Hälfte des Kuchens verteilen, glatt streichen und mit der oberen Hälfte des Kuchens bedecken. Den Bienenstich mindestens 2 Stunden im Kühlschrank fest werden lassen.

Fürstätter Johannisbeerkuchen

1. Den Backofen auf 175 °C Umluft vorheizen. Die Springform mit Alufolie auslegen und die Folie am Backformboden mit Öl leicht einfetten. Die Johannisbeeren verlesen, waschen und gut abtropfen lassen. Die Beeren mithilfe einer Gabel von den Stielen streifen.

2. Die Butter, den Zucker und das Vanillemark in einer Schüssel mit den Quirlen des Handrührgeräts hellcremig schlagen. Die Eier nacheinander jeweils so lange unterrühren, bis sich alle Zutaten wieder gut verbunden haben. Die Zitronenschale ebenfalls unterrühren.

3. Das Mehl mit der Stärke und dem Backpulver mischen und sieben. Die Mehlmischung abwechselnd mit dem Johannisbeerlikör nur so lange unter die Buttermasse rühren, bis ein glatter Teig entstanden ist.

4. Die Johannisbeeren in die Form füllen, den Teig daraufgeben und glatt streichen. Den Kuchen im Ofen auf der mittleren Schiene 50 bis 55 Minuten goldbraun backen. Aus dem Ofen nehmen und in der Form lauwarm abkühlen lassen. Dann auf ein Kuchengitter stürzen und die Folie abziehen. Den Kuchen noch heiß mit Zucker bestreuen und vollständig abkühlen lassen.

Tipp

Für Null Promille und falls Kinder mitessen, können Sie den Likör auch durch Schwarzen oder Roten Johannisbeersaft ersetzen.

Fürstatt ist übrigens der Ortsteil in Rosenheim, in dem ich aufgewachsen bin – einfach herrliche Erinnerungen ... Ich war als Kind immer draußen unterwegs – und das war natürlich mit vielen Abenteuern verbunden! Dort baue ich auch gerade meinen Bauernhof zur kleinen Backstube um.

Für 1 Springform von 28 cm Ø
(12 Stücke)

Öl für die Form
500–600 g Johannisbeeren
(Sorte nach Belieben)
200 g weiche Butter
240 g Puderzucker
Mark von 1 Vanilleschote
5 Eier (Größe M)
abgeriebene Schale von
1 Bio-Zitrone
140 g Weizenmehl (Type 405)
150 g Speisestärke
3 gestr. TL Backpulver
100 ml Johannisbeerlikör
(z.B. Crème de Cassis)
ca. 2 EL Zucker zum Bestreuen

Zubereitung: ca. 25 Minuten
Backen: 50–55 Minuten

Süßsaure
Früchtchen
für Sommerlaune

Jostabeerenschnitten mit Knusperstreuseln

~~~~~~

**Für 1 tiefes Backblech von ca.
40 × 30 cm Größe (15–20 Stücke)**

Für den Hefeteig:
¼ l Milch
300 g Weizenmehl (Type 405)
200 g Dinkelmehl (Type 630)
30 g frische Hefe
80 g Zucker • 50 g weiche Butter
feines Meersalz
abgeriebene Schale von
1 Bio-Zitrone
4 EL Öl

Für den Belag:
1½ kg Jostabeeren (ersatzweise
Schwarze Johannisbeeren oder
Stachelbeeren)
400 g Speisequark (40 % Fett)
200 g Sauerrahm (saure Sahne)
2 Eier (Größe M)
1 EL Vanillepuddingpulver (10 g)
100 g Zucker
2 TL Vanillezucker

Für die Streusel:
200 g Butter
50 g geröstete Haselnusskerne
(siehe S. 195)
300 g Weizenmehl (Type 405)
180 g Zucker • 2 EL Vanillezucker
⅓ TL Zimtpulver

Außerdem:
Butter für das Blech
Mehl für die Arbeitsfläche

Zubereitung: ca. 50 Minuten
Ruhen: ca. 1 Stunde 10 Minuten
Backen: 40–50 Minuten

1. Für den Hefeteig die Milch lauwarm erhitzen. Beide Mehlsorten in eine große Schüssel sieben und mischen, in die Mitte eine Mulde drücken. Die Hefe hineinbröckeln und mit der Milch, 1 TL Zucker und etwas Mehl vom Rand verrühren. Den Vorteig zugedeckt an einem warmen Ort etwa 10 Minuten gehen lassen, bis er an der Oberfläche Risse zeigt.

2. Den restlichen Zucker, die Butter, ½ TL Meersalz, die Zitronenschale und das Öl hinzufügen und alles 5 bis 10 Minuten zu einem glatten, elastischen Teig verkneten. Den Teig zugedeckt an einem warmen Ort mindestens 30 Minuten gehen lassen, bis er sein Volumen verdoppelt hat.

3. Das Backblech mit Butter einfetten. Den Teig auf der leicht bemehlten Arbeitsfläche nochmals kurz durchkneten und in Größe des Blechs ausrollen. Die Teigplatte auf das Blech legen.

4. Für den Belag die Jostabeeren waschen, gut abtropfen lassen und von den Stielen zupfen. Quark, Sauerrahm, Eier, Puddingpulver, Zucker und Vanillezucker in einer Schüssel gut mit dem Schneebesen verrühren. Die Quarkmasse gleichmäßig auf dem Hefeteig verteilen und glatt streichen. Die Jostabeeren darauf verteilen.

5. Für die Streusel die Butter bei schwacher Hitze zerlassen und leicht abkühlen lassen. Die Haselnüsse fein mahlen. Mehl, Nüsse, Zucker, Vanillezucker und Zimt in einer Schüssel mischen. Die flüssige Butter unter Rühren mit den Quirlen des Handrührgeräts einfließen lassen und nur so lange unterrühren, bis alles vermengt ist und Streusel entstehen.

6. Die Streusel gleichmäßig auf den Jostabeeren verteilen, dabei größere Streuselstücke mit den Fingern zerteilen. Den Kuchen an einem warmen Ort nochmals 30 Minuten gehen lassen. Inzwischen den Backofen auf 190 °C Ober-/Unterhitze vorheizen.

7. Den Kuchen im Ofen auf der mittleren Schiene 40 bis 50 Minuten backen. Sollte er währenddessen zu stark bräunen, mit Backpapier abdecken. Den Kuchen aus dem Ofen nehmen und auf dem Blech abkühlen lassen. Dazu passt Schlagsahne.

Jostabeeren sind eine Kreuzung zwischen
Johannis- und Stachelbeeren. Die tiefschwarzen
Beeren schmecken säuerlich-herb
und sind wahre Vitamin-C-Bomben.

Himbeer-Tartelettes

Für 8 Stück (à 8 cm Ø)

Für den Mürbeteig:
150 g Weizenmehl (Type 405)
100 g weiche Butter
50 g Zucker
15 g Kakaopulver
feines Meersalz
abgeriebene Schale von
½ Bio-Zitrone

Für die Vanillecreme:
310 ml Milch
Mark von ½ Vanilleschote
50 g Zucker
abgeriebene Schale von
½ Bio-Zitrone
feines Meersalz
20 g Speisestärke
6 Eigelb (Größe M)

Außerdem:
Mehl für die Arbeitsfläche
runder Ausstecher (8 cm Ø)
250 g Himbeeren
Puderzucker zum Bestäuben
Minzeblätter zum Dekorieren
(nach Belieben)

Zubereitung: ca. 40 Minuten
Kühlen: mind. 30 Minuten
Backen: 10–12 Minuten

1. Für den Mürbeteig Mehl mit Butter, Zucker, Kakaopulver, 2 EL eiskaltem Wasser, 1 Prise Meersalz und Zitronenschale in einer Schüssel mit den Knethaken des Handrührgeräts oder in der Küchenmaschine rasch zu einem glatten Teig verkneten. Den Teig zur Kugel formen und in Frischhaltefolie gewickelt mindestens 30 Minuten kühl stellen.

2. Den Backofen auf 160°C Umluft vorheizen. Ein Backblech mit Backpapier auslegen. Den Mürbeteig nochmals kurz durchkneten und auf der leicht bemehlten Arbeitsfläche 2 bis 3 mm dünn ausrollen. Mit dem Ausstecher oder einem umgedrehten Glas 16 Kreise von 8 cm Durchmesser ausstechen und diese nebeneinander auf das Blech legen.

3. Die Tartelettböden im Ofen auf der mittleren Schiene 10 bis 12 Minuten backen. Vom Blech nehmen und auf einem Kuchengitter abkühlen lassen.

4. Inzwischen für die Vanillecreme ¼ l Milch mit Vanillemark, Zucker, Zitronenschale und 1 Prise Meersalz in einem Topf aufkochen. Die Speisestärke mit der restlichen Milch glatt rühren. Die Stärkemischung unter Rühren in die kochende Milch gießen und alles mindestens 5 Minuten köcheln lassen. Den Topf vom Herd nehmen und die Eigelbe unter schnellem Rühren mit dem Schneebesen zur Creme geben.

5. Die Hälfte der noch warmen Vanillecreme auf 8 Tartelettböden verteilen. Die übrigen Tartelettböden daraufsetzen und mit der restlichen Vanillecreme bestreichen. Die Creme etwa 2 Minuten abkühlen lassen. Inzwischen die Himbeeren verlesen, kalt abbrausen und trocken tupfen.

6. Die Himbeeren auf den Tartelettes verteilen und mit Puderzucker bestäuben. Nach Belieben mit Minzeblättern dekorieren.

Süße
Früchtchen …

… perfekt in Szene
gesertzt

Johannisbeer-Baiser-Törtchen

Für 2 Törtchen à 12–14 cm Ø (oder
1 Torte von 26 cm Ø; 12 Stücke)

Für den Biskuit:
100 g Weizenmehl (Type 405)
1 Msp. Backpulver
4 zimmerwarme Eier (Größe L)
100 g Zucker
1 EL Vanillezucker
feines Meersalz

Für den Belag und das Baiser:
8 EL Rote Johannisbeerkonfitüre
150 g Rote Johannisbeeren
3 sehr frische Eiweiß (Größe M)
135 g Zucker
3 EL Zitronensaft

Zubereitung: ca. 50 Minuten
Backen: ca. 10 Minuten

1. Für den Biskuit den Backofen auf 200 °C Umluft vorheizen. Ein Backblech mit Backpapier auslegen. Das Mehl mit dem Backpulver auf einen Bogen Backpapier sieben. Die Eier mit Zucker, Vanillezucker und 1 Prise Meersalz in einer Schüssel mit den Quirlen des Handrührgeräts hellschaumig aufschlagen. Das gesiebte Mehl mithilfe des Backpapiers auf die Eierschaummasse geben und vorsichtig mit dem Schneebesen von Hand unterheben.

2. Die Biskuitmasse gleichmäßig auf dem Backblech verstreichen und im Ofen auf der mittleren Schiene zunächst etwa 5 Minuten backen. Die Ofentür kurz öffnen, um Dampf entweichen zu lassen, und die Ofentemperatur auf 170 °C herunterschalten. Die Ofentür wieder schließen und den Biskuit weitere 4 bis 5 Minuten fertig backen.

3. Inzwischen auf der Arbeitsfläche einen Bogen Backpapier bereitlegen. Den Biskuit aus dem Ofen nehmen und auf das Backpapier stürzen. Das obere Papier abziehen, und die Biskuitplatte vollständig abkühlen lassen.

4. Mit zwei Dessertringen (à 12–14 cm Ø) 2 Böden aus der Biskuitplatte ausstechen, die Böden jeweils waagerecht halbieren. Alle 4 Böden mit je 2 EL Johannisbeerkonfitüre bestreichen. Jeweils 2 Böden in einem Dessertring aufeinandersetzen.

5. Die Johannisbeeren verlesen, waschen, trocken tupfen und mithilfe einer Gabel von den Stielen streifen. Für das Baiser die Eiweiße mit dem Zucker und dem Zitronensaft in einer Metallschüssel über dem heißen Wasserbad zu steifem Schnee schlagen, bis sich der Zucker aufgelöst hat. Die Baisermasse vom Wasserbad nehmen, mit den Johannisbeeren mischen und kuppelförmig auf die Törtchen streichen.

6. Mit einer Palette oder einem Löffel beliebige Muster in das Baiser streichen. Die Baisermasse mit einem Küchenbrenner goldbraun flambieren oder alternativ kurz unter dem Backofengrill bräunen. Sofort servieren.

Tipp

Die Biskuitreste können Sie in kleine Würfel schneiden und unter die Baisermasse heben. Wer mag tränkt die Böden vor dem Bestreichen mit Konfitüre noch mit etwas Johannisbeerlikör. Mmh, lecker!

Ricotta-Erdbeer-Strudel

Für 1 Strudel (10 Stücke)

Für den Strudelteig:
150 g Weizenmehl (Type 405)
2 g feines Meersalz (ca. ¼ TL)
1½ EL Öl
1½ EL Essig

Für die Füllung:
400–500 g Erdbeeren
40 g zerlassene Butter
50 g Weißbrotbrösel
400 g Ricotta
abgeriebene Schale von
½ Bio-Zitrone
60 g Zucker

Außerdem:
Öl zum Bepinseln des Teigs
Butter für das Blech
Mehl für die Arbeitsfläche
ca. 60 g zerlassene Butter
zum Bestreichen
Puderzucker zum Bestäuben

Zubereitung: ca. 50 Minuten
Ruhen: ca. 12 Stunden
Backen: 40–50 Minuten

1. Am Vortag für den Strudelteig das Mehl in eine Schüssel sieben und das Meersalz hinzufügen. Öl, Essig und nach und nach 150 ml lauwarmes Wasser hinzufügen und mit den Knethaken des Handrührgeräts oder der Küchenmaschine unterkneten. Alles etwa 5 Minuten kräftig zu einem glatten, elastischen Teig verkneten. Den Strudelteig zu einer Kugel formen und dünn mit Öl einpinseln. In Frischhaltefolie wickeln und bei Zimmertemperatur etwa 12 Stunden, am besten über Nacht, ruhen lassen.

2. Am nächsten Tag den Backofen auf 175 °C Umluft vorheizen. Ein tiefes Backblech mit Butter einfetten. Für die Füllung die Erdbeeren waschen, putzen und halbieren. Die Teigkugel auf einem bemehlten Küchentuch (40 × 40 cm) mit dem Nudelholz etwas ausrollen. Kurz ruhen lassen und dann über den bemehlten Handrücken vorsichtig zu einem hauchdünnen Rechteck ausziehen (siehe dazu auch S. 24).

3. Die Teigplatte dünn mit der zerlassenen Butter bestreichen und gleichmäßig mit den Weißbrotbröseln bestreuen. Die Erdbeeren darauf verteilen. Den Ricotta grob zerkrümeln und locker auf die Erdbeeren oder dazwischen verteilen. Die Zitronenschale und den Zucker daraufstreuen. Den Strudel mithilfe des Tuchs aufrollen und mit der Naht nach unten auf das Blech legen.

4. Den Strudel dünn mit zerlassener Butter bestreichen und im Ofen auf der mittleren Schiene 40 bis 50 Minuten goldbraun backen. Herausnehmen und etwas abkühlen lassen. Dann mit Puderzucker bestäuben und noch warm servieren.

Tipp

Das Ausziehen des Strudelteigs erfordert etwas Fingerspitzengefühl – man bekommt aber rasch ein Gefühl dafür und hat den „Dreh" raus.

Statt der Erdbeeren verwende ich für
den Strudel auch gerne Aprikosenviertel
und ersetze die Hälfte der Brösel
durch fein zerkrümelte Amarettini.
Passt auch super zum Ricotta!

Gedeckter Apfelkuchen à la Mama

Für 1 Springform von 28 cm Ø
(12 Stücke)

Für die Füllung:
1½ kg säuerliche Äpfel (z.B. Boskop)
100 g Butter
90 g Zucker
50 g Rosinen
50 ml Rum
1 gestr. TL Zimtpulver
abgeriebene Schale von
1 Bio-Zitrone

Für den Gummimürbeteig:
375 g Weizenmehl (Type 405)
1 Päckchen Backpulver
100 g Zucker
Mark von 1 Vanilleschote
abgeriebene Schale von
½ Bio-Zitrone
1 Ei (Größe M)
100 ml Milch
100 g weiche Butter

Außerdem:
Butter und Mehl für die Form
Mehl für die Arbeitsfläche
evtl. 1 dünner Biskuitboden
(siehe S. 14/15; ersatzweise
zerbröselte Löffelbiskuits)
1 Eigelb zum Bestreichen

Zubereitung: ca. 40 Minuten
Backen: 45–50 Minuten

1. Für die Füllung die Äpfel halbieren, schälen und die Kerngehäuse entfernen. Die Apfelhälften in feine Scheiben hobeln. Die Butter in einer Pfanne zerlassen. Äpfel, Zucker, Rosinen, Rum, Zimt und Zitronenschale hinzufügen und zugedeckt etwa 10 Minuten bei schwacher bis mittlerer Hitze garen, bis eine gebundene Apfelmasse entstanden ist. Den Topf vom Herd nehmen und die Apfelmasse vollständig abkühlen lassen.

2. Für den Mürbeteig das Mehl mit dem Backpulver mischen und in eine Schüssel sieben. Zucker, Vanillemark, Zitronenschale, Ei, Milch und Butter dazugeben und alles mit den Händen oder den Knethaken des Handrührgeräts zu einem glatten, elastischen Teig verarbeiten.

3. Den Backofen auf 175°C Umluft vorheizen. Die Springform mit Butter einfetten und mit Mehl ausstäuben.

4. Zwei Drittel des Mürbeteigs auf der leicht bemehlten Arbeitsfläche zu einer etwa 4 mm dünnen Teigplatte ausrollen. Den Teig in die Form legen, dabei einen etwa 5 cm hohen Rand bilden. Den Teigrand mit einem Messer gerade schneiden. Eventuell einen dünnen Biskuitboden auf den Mürbeteigboden legen, damit dieser nicht durchweicht.

5. Die Apfelmasse auf dem Mürbeteig verteilen. Den restlichen Teig zu einer runden Platte von 28 cm Durchmesser ausrollen (für einen gleichmäßigen Rand eventuell mit einem entsprechend großen Tortenring ausstechen). Die Apfelfüllung mit der Teigplatte bedecken und den Rand gut andrücken.

6. Teigreste ausrollen, nach Belieben kleine Herzen oder andere Ornamente ausstechen, und den Kuchen damit verzieren. Das Eigelb verquirlen und den Kuchen damit bestreichen. Im Ofen auf der mittleren Schiene 45 bis 50 Minuten goldgelb backen. Sollte die Oberfläche währenddessen zu stark bräunen, den Kuchen mit Backpapier abdecken. Aus dem Ofen nehmen und in der Form abkühlen lassen.

Tipp

Dieser Mürbeteig vom gedeckten Apfelkuchen eignet sich hervorragend auch für andere gedeckte Obstkuchen oder Pies.
Warum Gummimürbeteig? Weil Mürbeteig wie hier durch die Zugabe von Milch richtig schön elastisch wird.

Erdbeerpizza mit Büffelmozzarella

1. Für den Hefeteig das Mehl in eine große Schüssel sieben. Die Milch leicht erwärmen und mit 100 ml lauwarmem Wasser, dem Zucker und der Hefe verrühren. Milchmischung, Meersalz, Olivenöl und Ei zum Mehl geben und alles zu einem glatten Teig verkneten, der sich von der Schüssel löst. Den Hefeteig zugedeckt an einem warmen Ort etwa 1 Stunde gehen lassen, bis sich sein Volumen nahezu verdoppelt hat.

2. Für den Belag den Sauerrahm mit der Crème fraîche und dem Zucker cremig verrühren. Die Mozzarellakugeln in Stücke zupfen. Die Erdbeeren waschen, putzen und in dünne Scheiben schneiden. Das Basilikum waschen und trocken tupfen, die Blätter abzupfen und grob hacken.

3. Den Backofen auf 230 °C Ober-/Unterhitze vorheizen. Zwei Backbleche mit Mehl bestäuben. Den Teig auf der leicht bemehlten Arbeitsfläche nochmals kurz durchkneten und halbieren. Jedes Teigstück zu einem dünnen Fladen ausrollen und auf ein Blech legen.

4. Die Teigfladen gleichmäßig mit der Creme bestreichen. Jeweils mit der Hälfte der Erdbeerscheiben belegen und mit je 2 EL Olivenöl beträufeln. Zunächst eine Pizza im Ofen auf der untersten Schiene 8 bis 10 Minuten goldbraun und knusprig backen.

5. Die Pizza aus dem Ofen nehmen und sofort mit der Hälfte des Mozzarellas und des Basilikum belegen. Mit etwas Meersalz würzen und mit etwas Aceto balsamico sowie der Hälfte des restlichen Olivenöls beträufeln. Nach Belieben Pfeffer darübermahlen und sofort servieren. Die zweite Pizza auf die gleiche Weise backen und mit den übrigen Zutaten belegen.

Für 2 große Pizzen (4 Portionen)

Für den Hefeteig:
420 g Weizenmehl (Type 405)
100 ml Milch
2 TL Zucker
5 g frische Hefe
12 g feines Meersalz
1 EL Olivenöl
1 Ei (Größe M)

Für den Belag:
200 g Sauerrahm (saure Sahne)
100 g Crème fraîche
2 TL Zucker
2 Kugeln Büffelmozzarella (à 125 g)
300 g Erdbeeren
2 Stiele Basilikum
100 ml Olivenöl
milder Aceto balsamico
zum Beträufeln
feines Meersalz
Pfeffer aus der Mühle
(nach Belieben)

Außerdem:
Mehl für die Bleche und die
Arbeitsfläche

Zubereitung: ca. 30 Minuten
Ruhen: ca. 1 Stunde
Backen: 2 × 8–10 Minuten

Beerenpizza mit Honig und Nüssen

Für 2 große Pizzen (4 Portionen)

Für den Hefeteig:
420 g Mehl
100 ml Milch
2 TL Zucker
5 g frische Hefe
12 g feines Meersalz
1 EL Olivenöl
1 Ei (Größe M)

Für den Belag:
150 g Sauerrahm (saure Sahne)
150 g Crème fraîche
1 EL Vanillezucker
abgeriebene Schale von
1 Bio-Orange
500 g gemischte Beeren
(z.B. Erdbeeren, Johannisbeeren,
Heidelbeeren, Himbeeren)
2 EL Olivenöl

Für die Deko:
50 g geröstete Mandeln
(siehe S. 195)
50 g geröstete Haselnusskerne
(siehe S. 195)
100 g Himbeeren
1 Zweig Minze
Sauerrahm (saure Sahne;
nach Belieben)
flüssiger Honig (nach Belieben)

Außerdem:
Mehl für die Bleche und die
Arbeitsfläche

Zubereitung: ca. 30 Minuten
Ruhen: ca. 1 Stunde
Backen: 2 × 8–10 Minuten

1. Für den Hefeteig das Mehl in eine große Schüssel sieben. Die Milch leicht erwärmen und mit 100 ml lauwarmem Wasser, dem Zucker und der Hefe verrühren. Milchmischung, Meersalz, Olivenöl und Ei zum Mehl geben und alles zu einem glatten Teig verkneten, der sich vom Schüsselrand löst. Den Hefeteig zugedeckt an einem warmen Ort etwa 1 Stunde gehen lassen, bis sich sein Volumen nahezu verdoppelt hat.

2. Inzwischen für den Belag Sauerrahm, Crème fraîche, Vanillezucker und Orangenschale cremig verrühren. Die Beeren je nach Sorte waschen und putzen oder verlesen.

3. Den Backofen auf 230 °C Ober-/Unterhitze vorheizen. Zwei Backbleche mit Mehl bestäuben. Den Teig auf der leicht bemehlten Arbeitsfläche nochmals kurz durchkneten und halbieren. Jedes Teigstück zu einem dünnen Fladen ausrollen und auf ein Blech legen.

4. Die Teigfladen gleichmäßig mit der Creme bestreichen. Die Beeren darauf verteilen und mit dem Olivenöl beträufeln. Die Beerenpizzen nacheinander im Ofen auf der untersten Schiene 8 bis 10 Minuten goldbraun und knusprig backen.

5. Inzwischen für die Deko die Mandeln und die Haselnüsse grob hacken. Die Himbeeren verlesen. Die Minze waschen und trocken tupfen, die Blätter abzupfen und in Streifen schneiden. Die Pizzen aus dem Ofen nehmen und sofort mit einigen frischen Himbeeren sowie den gerösteten Mandeln und Haselnüssen bestreuen. Nach Belieben mit einigen Klecksen Sauerrahm dekorieren, mit etwas flüssigem Honig beträufeln und mit Minze garnieren.

Tipp

Den Teig für diese Beerenpizza wie auch für die Erdbeerpizza auf S. 43 können Sie gut am Vorabend zubereiten und zugedeckt im Kühlschrank gehen lassen.

Sauerkirsch-Nuss-Kuchen vom Blech

Für 1 Backblech von ca. 40 × 30 cm
Größe (15 Stücke)
1 kg Sauerkirschen
Butter und gemahlene Haselnüsse
für das Backblech
6 Eier (Größe M)
4 EL Kirschwasser
250 g weiche Butter
120 g brauner Zucker
abgeriebene Schale von
1 Bio-Orange
200 g Weizenmehl (Type 405)
100 g gehackte Haselnüsse
200 g gemahlene Haselnüsse
½ TL Zimtpulver
100 g weißer Zucker

Zubereitung: ca. 30 Minuten
Backen: 40–45 Minuten

1. Die Sauerkirschen waschen, entstielen und mit dem Kirschentkerner entsteinen oder die Früchte halbieren und entsteinen. Sollten die Kirschen sehr feucht sein, in einem Sieb abtropfen lassen oder mit Küchenpapier etwas trocken tupfen.

2. Den Backofen auf 170°C Umluft vorheizen. Das Backblech mit Butter einfetten und gleichmäßig mit gemahlenen Haselnüssen bestreuen.

3. Die Eier trennen. Das Kirschwasser lauwarm erhitzen. Die Butter, den braunen Zucker und die Orangenschale in einer Schüssel mit den Quirlen des Handrührgeräts schaumig schlagen. Die Eigelbe nach und nach unterrühren. Das lauwarme Kirschwasser ebenfalls unterrühren und alles hellcremig schlagen.

4. Das Mehl mit den gehackten sowie den gemahlenen Haselnüssen und dem Zimt mischen. Die Eiweiße mit dem weißen Zucker zu steifem Schnee schlagen. Den Eischnee abwechselnd mit der Mehlmischung unter die Buttermasse heben.

5. Den Teig auf dem Backblech verteilen und glatt streichen. Die Kirschen gleichmäßig darauf verteilen. Den Kuchen im Ofen auf der mittleren Schiene 40 bis 45 Minuten goldbraun backen. Aus dem Ofen nehmen und auf dem Blech abkühlen lassen.

Tipp

Dazu schmeckt Vanillesahne: Dafür 200 g Sahne mit dem Mark von 1 Vanilleschote mit den Quirlen des Handrührgeräts steif schlagen. Oder einfach 1 Kugel Vanilleeis dazu servieren.

Himmlisch zarte Butterhörnchen

1. Für den Hefeteig die Milch lauwarm erhitzen. Das Mehl in eine Schüssel sieben und eine Mulde in die Mitte drücken. Die Hefe hineinbröckeln und mit der Milch, 1 TL Zucker und etwas Mehl vom Rand verrühren. Den Vorteig zugedeckt an einem warmen Ort etwa 30 Minuten gehen lassen. Inzwischen 50 g Butter in einem Topf bei schwacher Hitze zerlassen.

2. Zerlassene Butter, Ei, restlichen Zucker und 1 große Prise Meersalz zum Vorteig geben und alles mit den Knethaken des Handrührgeräts oder der Küchenmaschine 5 bis 10 Minuten zu einem glatten, festen Teig verkneten. Den Teig zugedeckt im Kühlschrank 1 Stunde gehen lassen.

3. Ein Backblech mit Backpapier auslegen. Die restliche Butter in 4 dünne Scheiben schneiden. Den Teig auf der leicht bemehlten Arbeitsfläche tourieren (siehe Tipp S. 154). Dazu den Teig zu einem etwa 30 × 30 cm großen Quadrat ausrollen. Eine Hälfte der Teigplatte mit den Butterscheiben belegen und die unbelegte Teighälfte darüberklappen. Den Teig erneut zu einem Quadrat ausrollen und zusammenklappen. Diesen Vorgang noch dreimal wiederholen und den Teig zum Schluss zu einem 30 × 20 cm großen Rechteck ausrollen.

4. Das Rechteck in acht Dreiecke schneiden und diese zu Hörnchen aufrollen, dabei jeweils an der kurzen Kante beginnen. Die Hörnchen auf das Backpapier legen und zugedeckt an einem warmen Ort 30 bis 40 Minuten gehen lassen, bis sie ihr Volumen nahezu verdoppelt haben.

5. Inzwischen den Backofen auf 180 °C Umluft vorheizen. Die gegangenen Hörnchen im Ofen auf der mittleren Schiene 15 bis 17 Minuten goldbraun backen. Nach Belieben heiß oder lauwarm abgekühlt servieren.

Für 8 Stück
100 ml Milch
250 g Weizenmehl (Type 405)
15 g frische Hefe
50 g Zucker
150 g Butter
1 Ei (Größe M)
feines Meersalz
Mehl für die Arbeitsfläche

Zubereitung: ca. 30 Minuten
Ruhen: ca. 2 Stunden 10 Minuten
Backen: 15–17 Minuten

Übrig gebliebene Hörnchen schiebe ich am nächsten Tag nochmals kurz zum Aufwärmen bei 100 °C in den Backofen – dann schmecken sie wieder fast wie frisch gebacken.

Schneller Erdbeerkuchen mit Vanillesahne

~~~~~~

**Für 1 Springform von 26 cm Ø
(12 Stücke)**

Für den Biskuit:
150 g Weizenmehl (Type 405)
1 gestr. TL Backpulver
6 zimmerwarme Eier (Größe M)
150 g Zucker
1 EL Vanillezucker
feines Meersalz

Für den Belag:
250 g kleine Erdbeeren (oder
gemischte Beeren)
500 g Sahne
50 g Puderzucker
Mark von ½ Vanilleschote

Zubereitung: ca. 30 Minuten
Backen: 8–10 Minuten

1. Für den Biskuit den Backofen auf 170°C Umluft vorheizen. Den Boden der Spring-form mit Backpapier auslegen. Das Mehl mit dem Backpulver auf einen Bogen Back-papier sieben.

2. Die Eier mit Zucker, Vanillezucker und 1 Prise Meersalz in einer Schüssel mit den Quirlen des Handrührgeräts hellschaumig aufschlagen. Das gesiebte Mehl mithilfe des Backpapiers auf die Eierschaummasse geben und vorsichtig mit dem Schnee-besen von Hand unterheben.

3. Die Biskuitmasse in die Form füllen und glatt streichen. Im Ofen auf der mittle-ren Schiene 8 bis 10 Minuten backen. Den Biskuit aus dem Ofen nehmen und in der Form lauwarm abkühlen lassen, dann auf ein Kuchengitter stürzen und vollständig abkühlen lassen.

4. Für den Belag die Erdbeeren waschen und putzen. Die Sahne mit dem Puder-zucker in einem hohen Rührbecher mit den Quirlen des Handrührgeräts steif schla-gen. Das Vanillemark unterrühren.

5. Den Biskuit waagerecht halbieren. Die untere Hälfte auf eine Tortenplatte legen und mit zwei Dritteln der Vanillesahne bestreichen. 100 g Erdbeeren darauf vertei-len und mit der zweiten Biskuithälfte bedecken. Den Biskuitdeckel vorsichtig an-drücken und mit dem Rest der Sahne bestreichen. Mit den restlichen Erdbeeren belegen und nach Belieben mit Blüten dekorieren. Bis zum Servieren kühl stellen.

~~~~~~~~~~~~~~~~~~~~ *Tipp* ~~~~~~~~~~~~~~~~~~~~

Dieser Erdbeerkuchen ist der Hit auf jeder Kaffeetafel! Toll machen sich auf ihm auch unbehandelte essbare Blüten als Deko – beispielsweise Rosenblüten, Ringel-blumenblüten, Borretsch und Malve.

Gelingt leicht

ein Hingucker auf jeder
Kaffeetafel

Kiwi-Maraschino-Torte

**Für 1 Springform von 24–26 cm Ø
(12 Stücke)**

Für die Streusel:
100 g Butter
100 g Weizenmehl (Type 405)
100 g gemahlene Haselnüsse
70 g Zucker
1 EL Vanillezucker
¼ TL Zimtpulver

Für den Teig:
100 g Zartbitterkuvertüre
100 g weiche Butter
100 g Zucker
feines Meersalz
3 Eier (Größe M)
100 g Weizenmehl (Type 405)
20 g Kakaopulver
2 TL Backpulver
75 g gemahlene Haselnüsse

Für die Füllung:
5 Blatt Gelatine
700 g Sahne
120 g Puderzucker
Mark von ½ Vanilleschote
abgeriebene Schale von
½ Bio-Zitrone
80 ml Maraschino (Kirschlikör)
6 EL Aprikosenkonfitüre
7 Kiwis

Außerdem:
Butter für die Form

**Zubereitung: 1 Stunde
Backen: 40–45 Minuten**

1. Für die Streusel den Backofen auf 160°C Umluft vorheizen. Die Butter in einem Topf bei schwacher Hitze zerlassen und leicht abkühlen lassen. Das Mehl mit Nüssen, Zucker, Vanillezucker und Zimt in einer Schüssel mischen. Die Butter unter Rühren mit den Quirlen des Handrührgeräts einlaufen lassen und alles nur so lange vermengen, bis Streusel entstehen. Die Streusel auf einem Backblech verteilen und im Ofen auf der mittleren Schiene etwa 10 Minuten goldbraun backen. Aus dem Ofen nehmen und abkühlen lassen.

2. Für den Teig die Kuvertüre hacken und in einer Metallschüssel über dem heißen Wasserbad unter Rühren schmelzen, dann vom Herd nehmen und abkühlen lassen. Den Backofen auf 170°C Umluft vorheizen. Die Springform mit Butter einfetten.

3. Die Butter mit dem Zucker und 1 Prise Meersalz in einer Schüssel mit den Quirlen des Handrührgeräts schaumig schlagen. Die Eier nacheinander unter Rühren hinzufügen und weiterschlagen, bis die Masse hellcremig ist.

4. Das Mehl mit dem Kakao- und dem Backpulver mischen und sieben. Die Nüsse untermischen. Zunächst die Mehlmischung unter die Buttermasse rühren, dann die abgekühlte flüssige Kuvertüre. Den Teig in die Form füllen und im Ofen auf der mittleren Schiene 30 bis 35 Minuten backen. Aus dem Ofen nehmen und in der Form lauwarm abkühlen lassen. Dann den Kuchen aus der Form lösen und auf einem Kuchengitter vollständig abkühlen lassen.

5. Für die Füllung die Gelatine in kaltem Wasser einweichen. Die Sahne mit dem Puderzucker in einer Schüssel steif schlagen. Die Gelatine leicht ausdrücken und in einem kleinem Topf bei schwacher Hitze auflösen. Vanillemark und Zitronenschale unterrühren und den Maraschino unter ständigem Rühren hinzufügen. Zunächst 4 gehäufte EL geschlagene Sahne unter die Gelatinemasse ziehen, dann die Gelatinemischung zügig unter die restliche Sahne heben.

6. Den Kuchen waagerecht halbieren. Die untere Kuchenhälfte mit 3 EL Aprikosenkonfitüre bestreichen. Die Kiwis schälen. 3 Kiwis in 1 cm dicke Scheiben schneiden und die untere Kuchenhälfte damit belegen. Dünn mit etwas Sahnefüllung bestreichen, die zweite Kuchenhälfte darauflegen und mit der restlichen Konfitüre bestreichen. Aus den übrigen Kiwis mit einem Kugelausstecher Kugeln ausstechen. Einige Kiwikugeln für die Deko beiseitestellen, die restlichen Kugeln locker unter die Sahnefüllung heben und diese auf den Kuchen streichen. Die Torte mit den Streuseln und den beiseitegestellten Kiwikugeln dekorieren.

Rosenkuchen

〜〜〜〜〜〜〜〜〜〜〜〜〜〜〜〜

**Für 1 Kranzform von 28 cm Ø
(10 Stücke)**

Für den Hefeteig:
¼ l Milch
500 g Weizenmehl (Type 405)
½ Würfel Hefe (21 g)
100 g Zucker
2 EL Vanillezucker
80 g weiche Butter
feines Meersalz
1 Ei (Größe M)

Außerdem:
Butter für die Form
Mehl für die Arbeitsfläche
500 g Himbeer- oder Erdbeerkonfitüre
100 g zerlassene Butter zum
Bestreichen

**Zubereitung: ca. 30 Minuten
Ruhen: ca. 1 Stunde 30 Minuten
Backen: ca. 40 Minuten**

1. Für den Hefeteig die Milch lauwarm erhitzen. Das Mehl in eine Schüssel sieben und eine Mulde in die Mitte drücken. Die Hefe hineinbröckeln und mit der Milch, 1 EL Zucker und etwas Mehl vom Rand verrühren. Den Vorteig zugedeckt an einem warmen Ort etwa 20 Minuten gehen lassen, bis sich Risse an der Oberfläche zeigen.

2. Restlichen Zucker, Vanillezucker, Butter, ½ TL Meersalz und das Ei zum Vorteig geben und alles 5 bis 10 Minuten zu einem glatten, elastischen Teig verkneten, der sich von der Schüssel löst. Den Teig zugedeckt an einem warmen Ort etwa 30 Minuten gehen lassen, bis sich sein Volumen nahezu verdoppelt hat.

3. Die Kranzform mit Butter einfetten. Den Teig auf der bemehlten Arbeitsfläche nochmals kurz durchkneten und zu einem etwa 50 × 30 cm großen Rechteck ausrollen. Die Konfitüre glatt rühren und die Teigplatte damit bestreichen. Die Teigplatte von der langen Seite her aufrollen und die Rolle in 10 etwa 6 cm dicke Scheiben schneiden. Die Teigscheiben nebeneinander in die Form legen, sodass die Schnittflächen sichtbar sind. Zugedeckt 40 Minuten an einem warmen Ort gehen lassen, bis sich sein Volumen etwa verdoppelt hat.

4. Inzwischen den Backofen auf 175°C Umluft vorheizen. Den Rosenkuchen im Ofen auf der mittleren Schiene etwa 20 Minuten backen, dann mit der Hälfte der zerlassenen Butter bestreichen und weitere 20 Minuten goldbraun fertig backen. Aus dem Ofen nehmen, mit der restlichen Butter bestreichen und in der Form abkühlen lassen.

〜〜〜〜〜〜〜〜〜 *Tipp* 〜〜〜〜〜〜〜〜〜

Besonders fein schmeckt der Rosenkuchen natürlich mit selbst gemachter Konfitüre. Probieren Sie doch mal meine Erdbeer-Vanille-Konfitüre von S. 170.

Schnelle Tarte Tatin

~~~~~~

Für 1 ofenfeste Pfanne von 30 cm Ø
(12 Stücke)
1 Scheibe Blätterteig
(aus dem Kühlregal)
4 große säuerliche Äpfel
(z.B. Boskop)
90 g Butter
60 g Zucker
1 TL gehackte Rosmarinnadeln
(nach Belieben)
1 EL helle Sesamsamen
(nach Belieben)
4 EL Sahne

Zubereitung: ca. 20 Minuten
Backen: 40–45 Minuten

1. Den Blätterteig auf der Arbeitsfläche ausbreiten. Die Pfanne mit der Unterseite nach oben darauflegen und den Teig am Pfannenrand entlang mit einem Messer ausschneiden. Die Pfanne wieder von der Teigplatte nehmen. Die Äpfel schälen und achteln, dabei jeweils das Kerngehäuse herausschneiden.

2. In der Pfanne 60 g Butter in Stücken verteilen und mit Zucker, Rosmarin und Sesam bestreuen. Die Apfelachtel kranzförmig nebeneinander in die Pfanne legen, sodass der Pfannenboden komplett bedeckt ist. Den Backofen auf 190°C Ober-/Unterhitze vorheizen.

3. Die Pfanne auf die Herdplatte stellen und die Butter mit dem Zucker ohne Rühren bei schwacher Hitze schmelzen lassen und zum Köcheln bringen. Sobald die Masse köchelt, die Sahne ebenfalls ohne Rühren hinzufügen.

4. Die Äpfel im Ofen auf der mittleren Schiene 20 Minuten backen. Dann die Pfanne aus dem Ofen nehmen, die restliche Butter in Stücken auf den Äpfeln verteilen und alles mit der ausgeschnittenen Blätterteigplatte bedecken. Die Tarte im Ofen weitere 20 bis 25 Minuten goldbraun backen.

5. Die Pfanne aus dem Ofen nehmen und die Tarte sofort stürzen. Dazu einen großen Servierteller umgekehrt auf die Pfanne legen und die Pfanne mitsamt dem Teller umdrehen, sodass die Tarte mit der Apfelseite nach oben auf dem Teller liegt. Warm servieren. Dazu passt Vanille- oder Schokoladeneis.

~~~~~~~~~~~~~~~~~~~~~~ *Tipp* ~~~~~~~~~~~~~~~~~~~~~~

Die Karamellmasse in der Pfanne ist sehr heiß   achten Sie deshalb gut darauf, dass Sie nicht direkt damit in Berührung kommen.
Der Teller zum Stürzen der Tarte sollte deutlich größer sein als die Pfanne, damit seitlich kein Saft austreten kann. Denn je nach Saftigkeit der Äpfel, bildet sich während des Backens mehr oder weniger Flüssigkeit auf dem Pfannenboden.

Franzis Zitronencremetarte

～～～～～～～～～～～～～～～～～～～～～～～～～

Für 1 Tarteform von 30 × 10 cm Größe (6 Stücke)

Für den Mürbeteig:
150 g Weizenmehl (Type 405)
100 g weiche Butter
50 g Zucker
abgeriebene Schale von
½ Bio-Zitrone
feines Meersalz

Für die Creme und die Deko:
3 Blatt Gelatine
375 ml Zitronensaft (frisch gepresst)
250 g Zucker • 2 EL Vanillezucker
abgeriebene Schale von
½ Bio-Zitrone
feines Meersalz
25 g Speisestärke
70 g kalte Butter
(in kleinen Würfeln)
80 g Zucker
6 Bio-Zitronenscheiben
Baisertupfen (nach Belieben;
siehe S. 90)

Außerdem:
Butter und Mehl für die Form
Mehl für die Arbeitsfläche
Hülsenfrüchte zum Blindbacken

Zubereitung: ca. 1 Stunde
Backen: ca. 20 Minuten
Kühlen: mind. 2 Stunden
30 Minuten

1. Für den Mürbeteig das Mehl sieben und mit Butter, Zucker, Zitronenschale, 1 Prise Meersalz und 2 EL eiskaltem Wasser mit den Händen oder den Knethaken des Handrührgeräts rasch zu einem glatten Teig verkneten. Den Teig zu einer Kugel formen, diese etwas flach drücken und in Frischhaltefolie gewickelt mindestens 30 Minuten kühl stellen.

2. Den Backofen auf 200 °C Umluft vorheizen. Die Tarteform mit Butter einfetten und mit Mehl ausstäuben. Den Mürbeteig nochmals kurz durchkneten und auf der leicht bemehlten Arbeitsfläche etwa 4 mm dünn ausrollen. Die Tarteform mit dem Teig auslegen, dabei einen etwa 1½ cm hohen Rand bilden. Den überstehenden Teigrand mit einem Messer gerade schneiden.

3. Den Teig mit Backpapier belegen, mit Hülsenfrüchten auffüllen und im Ofen auf der mittleren Schiene 20 Minuten blindbacken. Herausnehmen und das Backpapier mit den Hülsenfrüchten entfernen. Den Tarteboden in der Form abkühlen lassen.

4. Inzwischen für die Creme die Gelatine in kaltem Wasser 10 Minuten einweichen. In einem Topf 300 ml Zitronensaft mit Zucker, Vanillezucker, Zitronenschale und 1 Prise Meersalz aufkochen.

5. Die Stärke mit dem restlichen Zitronensaft glatt rühren. Die Stärkemischung unter Rühren zur Saftmischung in den Topf gießen und die Masse bei schwacher Hitze unter Rühren 5 Minuten köcheln lassen. Den Topf vom Herd nehmen und leicht abkühlen lassen. Die Gelatine ausdrücken, unter Rühren in der Zitronenmischung auflösen und die Mischung 2 Minuten abkühlen lassen.

6. Die Butterwürfel mit dem Stabmixer unter die Zitronenmischung schlagen. Den Tarteboden vorsichtig aus der Form lösen, auf eine Kuchenplatte setzen und mit der Zitronencreme füllen. Die Tarte im Kühlschrank 2 bis 3 Stunden fest werden lassen.

7. Inzwischen für die Deko den Zucker mit 80 ml Wasser in einem Topf aufkochen und die Zitronenscheiben darin bei schwacher Hitze etwa 2 Minuten köcheln lassen. Herausnehmen, auf Küchenpapier abtropfen lassen und dann auf einem Teller abkühlen lassen. Die Tarte mit den Zitronenscheiben und nach Belieben mit kleinen Baisertupfen garnieren.

～～～～～～～～～～～ *Tipp* ～～～～～～～～～～～

Ich habe für die Tarte eine Kastenform mit einem niedrigen Rand verwendet. Wer weder eine entsprechende Tarte- noch Kastenform besitzt, kann die Tarte alternativ in einer Springform von 24 cm Durchmesser backen. Die Backzeit ändert sich dadurch nicht.

Mmh ...

... sooo lecker und
herrlich zitronig!

Schoko-Bananen-Törtchen mit Arrak

Für 6–8 Törtchen à 8 cm Ø

Für die Tränke und den Belag:

80 g Zucker
4 EL Arrak (siehe Info)
4 mittelgroße Bananen
2 EL Zitronensaft

Für die Schokomousse:

200 g Vollmilchkuvertüre
3 Blatt weiße Gelatine
6 Eigelb (Größe M)
50 g Puderzucker
250 g Sahne
60 ml Arrak
4 Eiweiß (Größe M)
20 g Zucker

Außerdem:

1 dünne Biskuitplatte (siehe
Grundrezept S. 14/15,
½ Teigmenge dünn auf einem
Backblech aufgestrichen und
gebacken)
6–8 Dessertringe (à 8 cm Ø)

Zubereitung: ca. 1 Stunde
Kühlen: mind. 3 Stunden

1. Für die Tränke 100 ml Wasser mit dem Zucker in einem Topf aufkochen, den Läuterzucker abkühlen lassen. Ein kleines Backblech oder eine große Auflaufform mit Backpapier auslegen. Aus der Biskuitplatte mit den Dessertringen Scheiben ausstechen und in den Ringen auf das Blech oder in die Form setzen.

2. Den Läuterzucker mit dem Arrak verrühren und die Biskuitscheiben damit leicht beträufeln. Die Bananen schälen, längs halbieren und mit dem Zitronensaft beträufeln. Dann die Hälften etwas kleiner schneiden, sodass sie gut in die Ringe passen. Die Biskuitböden in den Ringen jeweils vollständig mit einer Schicht Bananenscheiben bedecken.

3. Für die Mousse die Kuvertüre hacken und in einer Metallschüssel über dem heißen Wasserbad schmelzen. Von der Herdplatte nehmen und etwas abkühlen lassen. Die Gelatine etwa 5 Minuten in kaltem Wasser einweichen. Die Eigelbe mit dem Puderzucker über dem heißen Wasserbad mit dem Schneebesen hellcremig und warm aufschlagen. Vom Wasserbad nehmen und mit den Quirlen des Handrührgeräts kalt schlagen. Die Sahne steif schlagen und kühl stellen.

4. Die Gelatine leicht ausdrücken und in einem kleinen Topf bei schwacher bis mittlerer Hitze auflösen, dann den Arrak unterrühren und von der Herdplatte nehmen. Die Eiweiße mit dem Zucker zu steifem Schnee schlagen. 4 EL Sahne mit dem Schneebesen unter die lauwarme Gelatinemischung rühren, dann diese Mischung vorsichtig mit der Eigelbmasse und der Kuvertüre unter den Eischnee heben. Die restliche Sahne unterziehen.

5. Die Schokomasse auf den Törtchen verteilen, am besten mithilfe eines Spritzbeutels. Die Törtchen im Kühlschrank mindestens 3 Stunden durchkühlen und fest werden lassen. Zum Servieren vorsichtig mit einem feuchten Messer vom Rand der Ringe lösen, dann die Ringe abziehen. Die Törtchen sofort servieren.

Arrak (auch Arak) wird aus Zuckerrohr und Reismaische destilliert und liegt geschmacklich zwischen Rum und Whiskey.

Schwarzwälder Kirschtörtchen im Glas

1. Für den Schokoladenbiskuit den Backofen auf 200 °C Umluft vorheizen. Ein Backblech mit Backpapier auslegen. Das Mehl mit dem Kakao- und dem Backpulver auf einen Bogen Backpapier sieben. Die Eier mit Zucker, Vanillezucker und 1 Prise Meersalz in einer Schüssel mit den Quirlen des Handrührgeräts hellschaumig aufschlagen. Das gesiebte Mehl mithilfe des Backpapiers auf die Eierschaummasse geben und vorsichtig mit dem Schneebesen unterheben.

2. Die Biskuitmasse auf das Backblech geben und gleichmäßig verstreichen. Im Ofen auf der mittleren Schiene zunächst etwa 5 Minuten backen. Die Ofentür kurz öffnen, um Dampf entweichen zu lassen, und die Ofentemperatur auf 170 °C herunterschalten. Die Ofentür wieder schließen und den Biskuit weitere 4 bis 5 Minuten fertig backen.

3. Inzwischen auf der Arbeitsfläche einen Bogen Backpapier bereitlegen. Den Biskuit auf das Backpapier stürzen und das obere Backpapier abziehen. Die Biskuitplatte abkühlen lassen, dann mit einem der Gläser 16 Böden ausstechen. Die Biskuitreste grob mit den Fingern zerbröseln.

4. Für die Füllung die Kirschen in ein Sieb abgießen, dabei den Saft auffangen. Die Sahne mit dem Puderzucker und dem Vanillemark steif schlagen. Das Kirschwasser vorsichtig unterrühren.

5. Für die Kirschwassertränke 200 ml aufgefangenen Kirschsaft abmessen und mit dem Agavensirup und dem Kirschwasser verrühren.

6. Den zerbröselten Biskuit als unterste Schicht in die Gläser verteilen und mit etwas Kirschwassertränke beträufeln. Dann abwechselnd Sahne, Kirschen und die ausgestochenen Biskuitböden einschichten, dabei die Biskuitböden jeweils mit etwas Kirschwassertränke beträufeln. Die oberste Schicht sollte aus Sahne bestehen.

7. Die Kuvertüre fein hacken und die Kirschtörtchen damit bestreuen. Bis zum Servieren im Kühlschrank aufbewahren.

Für 8 (Einmach)Gläser
à ca. 200 ml Inhalt

Für den Schokoladenbiskuit:
90 g Weizenmehl (Type 405)
20 g Kakaopulver
1 Msp. Backpulver
4 Eier (Größe M)
100 g Zucker
1 EL Vanillezucker
feines Meersalz

Für die Füllung:
1 kleines Glas Sauerkirschen
(ca. 370 ml Inhalt)
400 g Sahne
100 g Puderzucker
Mark von 1 Vanilleschote
100 ml Kirschwasser

Für die Kirschwassertränke:
70 ml Agavensirup (Agavendicksaft;
siehe Tipp S. 132)
2 cl Kirschwasser

Außerdem:
50 g Zartbitterkuvertüre zum
Bestreuen

Zubereitung: ca. 30 Minuten
Backen: ca. 10 Minuten

Schichtarbeit

Törtchen vom
Feinsten

Schokoladen-Whoopie-Pies mit Heidelbeerfrischkäse

Für 12 Stück à 4–5 cm Ø

Für den Teig:

50 g Zartbitterkuvertüre
110 g Weizenmehl (Type 405)
15 g Kakaopulver
7 g Natron
90 g weiche Butter
80 g Puderzucker
2 Eier (Größe M)
feines Meersalz
60 ml Kirsch- oder Heidelbeersaft

Für den Frischkäse:

100 g Heidelbeeren
200 g Doppelrahmfrischkäse
50 g Puderzucker
3 EL Zitronensaft
Mark von ½ Vanilleschote

Außerdem:

1 Whoopie-Pie-Blech
(24 Mulden à 4–5 cm Ø)
Butter für das Blech
Spritzbeutel mit großer Lochtülle

Zubereitung: ca. 40 Minuten
Backen: 12–14 Minuten

1. Für den Teig die Kuvertüre in einer Metallschüssel über dem heißen Wasserbad schmelzen. Vom Herd nehmen und etwas abkühlen lassen. Das Mehl mit dem Kakaopulver sowie dem Natron mischen und sieben. Die Butter mit Puderzucker, Eiern und 1 Prise Meersalz in einer Schüssel mit den Quirlen des Handrührgeräts oder in der Küchenmaschine cremig schlagen. Die Kuvertüre unter Rühren einlaufen lassen, dann die Mehlmischung und den Kirsch- oder Heidelbeersaft unterrühren.

2. Den Backofen auf 170°C Ober- und Unterhitze vorheizen. Die Mulden des Whoopie-Pie-Blechs mit Butter einfetten. Den Teig gleichmäßig in die Mulden verteilen, am besten mithilfe eines Spritzbeutels. Im Ofen auf der mittleren Schiene 12 bis 14 Minuten backen. Die Whoopies herausnehmen und etwa 5 Minuten im Blech abkühlen lassen, dann herauslösen und auf einem Kuchengitter vollständig abkühlen lassen.

3. Für den Frischkäse die Heidelbeeren verlesen, waschen und gut abtropfen lassen oder trocken tupfen. Etwa drei Viertel der Beeren klein schneiden. Den Frischkäse in einer Schüssel mit Puderzucker, Zitronensaft, Vanillemark und den geschnittenen Beeren verrühren.

4. Die Frischkäsemasse in den Spritzbeutel mit großer Lochtülle füllen und auf 12 Whoopie-Hälften spritzen. Die ganzen Beeren auf der Creme verteilen und die übrigen Whoopie-Hälften daraufsetzen.

Tipp

Die Creme kann natürlich auch ohne die Heidelbeeren zubereitet werden und mit jeder beliebigen Frucht belegt werden!

Zum Dekorieren der Whoopies
verwende ich auch gern
eingemachte Heidelbeeren aus dem Glas.
Auch Preiselbeerkonfitüre
schmeckt herrlich dazu!

Mohn-Quark-Kolatschen

〰〰〰〰〰〰〰〰〰〰〰

Für 12 Stück

Für den Hefeteig:

200 ml Milch
500 g Weizenmehl (Type 405)
½ Würfel Hefe (21 g)
100 g Zucker • 65 g Butter
feines Meersalz
abgeriebene Schale von
⅓ Bio-Zitrone
1 Ei (Größe M)

Für die Mohnfüllung:

¼ l Milch
250 g gemahlener Mohn
125 g Zucker
Mark von ½ Vanilleschote
½ TL Zimtpulver
abgeriebene Schale von
½ Bio-Zitrone
100 g Marzipanrohmasse
50 g Butter
50 g Rumrosinen (siehe S. 196)

Für die Quarkfüllung:

50 g Butter • 350 g Magerquark
100 g Puderzucker
35 g Speisestärke
2 Eier (Größe M)
abgeriebene Schale von
½ Bio-Zitrone
Mark von ¼ Vanilleschote

Außerdem:

Mehl für die Arbeitsfläche
30 g weiche Butter zum Bestreichen
ca. 400 g Pflaumenmus
Streusel (nach Belieben;
siehe S. 70, halbes Rezept)

Zubereitung: ca. 1 Stunde
Ruhen: ca. 1 Stunde 30 Minuten
Backen: ca. 30 Minuten

1. Für den Hefeteig die Milch lauwarm erhitzen. Das Mehl in eine Schüssel sieben und eine Mulde in die Mitte drücken. Die Hefe hineinbröckeln und mit der Milch, 1 TL Zucker und etwas Mehl vom Rand verrühren. Den Vorteig zugedeckt an einem warmen Ort etwa 10 Minuten gehen lassen, bis sich Risse an der Oberfläche zeigen. Inzwischen die Butter in einem Topf bei schwacher Hitze zerlassen.

2. Restlichen Zucker, zerlassene Butter, 1 Prise Meersalz, Zitronenschale und Ei zum Vorteig geben und alles mit den Händen oder den Knethaken des Handrührgeräts 5 bis 10 Minuten zu einem glatten, elastischen Teig verkneten, der sich von der Schüssel löst. Falls der Teig zu weich ist, noch etwas Mehl unterarbeiten, ist er zu fest noch etwas Milch dazugeben. Den Teig mit einem Küchentuch zugedeckt an einem warmen Ort etwa 1 Stunde gehen lassen, bis sich sein Volumen nahezu verdoppelt hat.

3. Für die Mohnfüllung die Milch in einem Topf erhitzen. Mohn, Zucker, Vanillemark, Zimt und Zitronenschale hinzufügen. Alles aufkochen und unter Rühren bei schwacher Hitze 2 Minuten köcheln lassen. Die Mohnmasse in eine Schüssel umfüllen und lauwarm abkühlen lassen. Das Marzipan mit den Quirlen des Handrührgeräts unterrühren, bis wieder eine glatte Masse entstanden ist. Die Butter und die Rumrosinen dazugeben und alles zu einer streichfähigen Füllung verrühren.

4. Für die Quarkfüllung die Butter in einem Topf bei schwacher Hitze zerlassen. Den Quark mit Puderzucker, Stärke, Eiern, zerlassener Butter, Zitronenschale und Vanillemark glatt rühren.

5. Ein Backblech mit Backpapier auslegen. Den Hefeteig auf der leicht bemehlten Arbeitsflächen nochmals gut durchkneten. Zu einer etwa 2 cm dicken Platte ausrollen und mit einem runden Ausstecher oder einem umgedrehten Glas Kreise à 10 cm Durchmesser ausstechen. Die Teigkreise auf das Backpapier legen und jeweils eine Vertiefung in die Mitte drücken, z.B. mit einem flachen Glas- oder Flaschenboden.

6. Jeden Teigkreis am Rand mit weicher Butter bestreichen. In die Vertiefung jedes Teigstückes jeweils 4 große Tupfen Mohnfüllung geben, am besten mithilfe eines Spritzbeutels mit Lochtülle. Die Quarkfüllung ebenso als Tupfen zwischen die Mohnmasse setzen. Jeweils etwas Pflaumenmus in die Mitte geben und die Kolatschen nach Belieben mit Streuseln belegen.

7. Die Mohn-Quark-Kolatschen an einem warmen Ort nochmals etwa 20 Minuten gehen lassen, bis sie ihr Volumen deutlich vergrößert haben. Inzwischen den Backofen auf 170 °C Umluft vorheizen. Die Kolatschen im Ofen auf der mittleren Schiene 25 bis 30 Minuten goldbraun backen. Herausnehmen und auf einem Kuchengitter abkühlen lassen.

Windbeutel mit Buttermilchmousse

1. Für die Windbeutel in einem Topf 100 ml Wasser mit Milch, Butter und Meersalz aufkochen. Das Mehl sieben, unter kräftigem Rühren mit einem Holzkochlöffel auf einmal in den Topf geben und alles glatt rühren. Die Masse unter kräftigem Rühren „abbrennen", bis sich eine dünner weißer Belag am Topfboden bildet (siehe dazu auch S. 16).

2. Die Masse in eine Schüssel oder Küchenmaschine umfüllen. Die Eier nacheinander mit den Quirlen des Handrührgeräts oder der Küchenmaschine unterrühren.

3. Den Backofen auf 160°C Umluft vorheizen. Ein Backblech mit Backpapier auslegen. Die Brandmasse in den Spritzbeutel mit Lochtülle füllen und 10 Rosetten mit etwa 8 cm Abstand zueinander auf das Backpapier spritzen. Alternativ mithilfe von zwei Esslöffeln Teighäufchen auf das Blech setzen.

4. Im Ofen auf der mittleren Schiene 20 bis 25 Minuten goldbraun backen. Währenddessen die Backofentür nicht öffnen, da die Windbeutel sonst zusammenfallen. Aus dem Ofen nehmen und auf einem Kuchengitter abkühlen lassen.

5. Für die Füllung die Gelatine in kaltem Wasser etwa 5 Minuten einweichen. Die Sahne steif schlagen und kühl stellen. Buttermilch, Zitronensaft und Puderzucker in einer Schüssel mit dem Schneebesen glatt rühren.

6. Die Gelatine in einem kleinen Topf bei schwacher Hitze auflösen. Zunächst 3 bis 4 EL von der Buttermilchmasse mit der Gelatine verrühren, dann diese Mischung unter schnellem Rühren zur restlichen Buttermilchmasse geben. Die geschlagene Sahne unterheben. Die Masse in eine Schüssel füllen und zugedeckt im Kühlschrank mindestens 2 Stunden gelieren lassen.

7. Zum Servieren die Himbeeren verlesen, waschen und trocken tupfen. Die Windbeutel seitlich leicht einschneiden. Die Buttermilchmousse in den Spritzbeutel geben und die Windbeutel mit der Mousse füllen. Jeweils einige Himbeeren hineinstecken. Die Windbeutel mit Puderzucker bestäuben und sofort servieren.

Für 10 Stück à 6 cm Ø

Für die Windbeutel:
100 ml Milch
90 g Butter
2 g feines Meersalz (ca. ¼ TL)
110 g Weizenmehl (Type 405)
4 Eier (Größe M)

Für die Füllung:
3 Blatt weiße Gelatine
300 g Sahne
250 g Buttermilch
Saft von 1 Zitrone
100 g Puderzucker
250 g Himbeeren

Außerdem:
Spritzbeutel mit Lochtülle
(12 mm Ø)
Puderzucker zum Bestäuben

Zubereitung: ca. 45 Minuten
Backen: 20–25 Minuten
Kühlen: 2 Stunden

Schnelle Pfirsich-Melba-Törtchen

Für 12 Tarteletteformen à 10 cm Ø

Für den Mürbeteig:
300 g Weizenmehl (Type 405)
100 g Zucker
200 g weiche Butter
feines Meersalz
abgeriebene Schale von
½ Bio-Zitrone

Für den Belag:
12 Pfirsichhälften (aus der Dose)
25 g Kakaopulver
1 EL Speisestärke
250 g Sauerrahm (saure Sahne)
2 Eier (Größe M)
100 g dunkler Muscovadozucker
(Rohrohrzucker mit Karamellnote)
feines Meersalz

Außerdem:
Butter und Mehl für die Formen
Mehl für die Arbeitsfläche
Weißbrotbrösel zum Ausstreuen
der Tartelettes
runder Ausstecher oder
Glas (12 cm Ø)
½ TL Thymianblättchen

Zubereitung: ca. 30 Minuten
Kühlen: mind. 30 Minuten
Backen: 25–30 Minuten

1. Für den Mürbeteig das Mehl mit dem Zucker, der Butter, 60 ml eiskaltem Wasser, 1 Prise Meersalz und der Zitronenschale mit den Händen oder den Knethaken des Handrührgeräts rasch zu einem glatten Teig verkneten. Den Teig zu einer Kugel formen, diese etwas flach drücken und in Frischhaltefolie gewickelt mindestens 30 Minuten kühl stellen.

2. Inzwischen für den Belag die Pfirsiche in ein Sieb abgießen und gut abtropfen lassen. Das Kakaopulver mit der Stärke mischen. Den Sauerrahm mit den Eiern, dem Zucker und 1 Prise Meersalz glatt verrühren, die Kakaomischung unterrühren.

3. Die Tarteletteformen mit Butter einfetten und mit Mehl ausstäuben. Den Backofen auf 175°C Ober-/Unterhitze vorheizen. Den Teig auf der leicht bemehlten Arbeitsfläche 4 mm dünn ausrollen. Mit einem Ausstecher oder Glas 12 Kreise à etwa 12 cm Durchmesser ausstechen und die Tarteletteformen damit auslegen. Überstehende Teigränder mit einem Messer gerade schneiden.

4. Die Tartletteböden mit Weißbrotbröseln ausstreuen, den Kakaoguss hineinfüllen und jeweils 1 Pfirsichhälfte darauflegen. Die Tartelettes im Ofen auf der mittleren Schiene 25 bis 30 Minuten backen, bis der Mürbeteig goldbraun ist. Aus dem Ofen nehmen und in den Formen lauwarm abkühlen lassen, dann die Törtchen vorsichtig herauslösen und auf einem Kuchengitter vollständig abkühlen lassen. Mit den Thymianblättchen dekoriert servieren.

Tipp

Noch schneller auf dem Teller sind diese Törtchen mit bereits fertigen Tarteletteböden aus der Bäckerei von nebenan oder aus dem Supermarkt. Dank Pfirsichen, Schmand und Muscovadozucker sind die Törtchen herrlich saftig und süß zugleich. Sie schmecken genauso gut mit Birnenhälften aus der Dose.

Törtchen-Hit

auch für Ungeübte geeignet

Zitronen-Quark-Tiramisu

Für ca. 10 Stücke

Für den Biskuit:

100 g Weizenmehl (Type 405)
1 Msp. Backpulver
4 zimmerwarme Eier (Größe L)
100 g Zucker
1 EL Vanillezucker
feines Meersalz

Für die Creme:

200 g Sahne
4 Eier (Größe M)
150 g Zucker
2 EL Vanillezucker
feines Meersalz
abgeriebene Schale von
2 Bio-Zitronen
250 g Speisequark (40 % Fett)
250 g Mascarpone

Zum Tränken:

100 ml Limoncello
(ital. Zitronenlikör)
100 ml frisch gepresster Orangensaft
Saft von ½ Zitrone
1–2 EL Puderzucker

Außerdem:

Kakaopulver zum Bestäuben

Zubereitung: ca. 40 Minuten
Backen: ca. 10 Minuten
Kühlen: mind. 3 Stunden

1. Für den Biskuit den Backofen auf 200 °C Umluft vorheizen. Ein Backblech mit Backpapier auslegen. Das Mehl mit dem Backpulver auf einen Bogen Backpapier sieben. Die Eier mit Zucker, Vanillezucker und 1 Prise Meersalz in einer Schüssel mit den Quirlen des Handrührgeräts hellschaumig aufschlagen. Das gesiebte Mehl mithilfe des Backpapiers auf die Eierschaummasse geben und vorsichtig mit dem Schneebesen von Hand unterheben.

2. Die Biskuitmasse gleichmäßig auf dem Backpapier verstreichen. Im Ofen auf der mittleren Schiene zunächst etwa 5 Minuten backen. Die Ofentür kurz öffnen, um Dampf entweichen zu lassen, und die Ofentemperatur auf 170 °C herunterschalten. Die Ofentür wieder schließen und den Biskuit weitere 4 bis 5 Minuten fertig backen. Den Biskuit aus dem Ofen nehmen und auf dem Blech abkühlen lassen.

3. Für die Creme die Sahne steif schlagen und kühl stellen. Die Eier mit Zucker, Vanillezucker, 1 Prise Meersalz und der Zitronenschale in einer Metallschüssel über dem heißen Wasserbad mit dem Schneebesen schaumig schlagen. Vom Wasserbad nehmen. Den Quark mit dem Mascarpone in einer großen Schüssel cremig rühren. Die Eischaummasse und die Sahne nach und nach abwechselnd gleichmäßig unter die Quarkmasse heben.

4. Zum Tränken des Biskuits den Limoncello mit Orangensaft, Zitronensaft und Puderzucker in einer Schüssel verrühren.

5. Die Biskuitplatte quer halbieren, sodass zwei gleich große Rechtecke (à etwa 20 × 15 cm) entstehen. Eine entsprechend große Auflaufform mit einer Biskuithälfte auslegen. Die Hälfte der Limoncello-Tränke mithilfe eines Pinsels auftragen oder den Biskuit damit gleichmäßig beträufeln. Die Hälfte der Zitronencreme gleichmäßig darauf verteilen und mit der zweiten Biskuithälfte abdecken. Den Biskuit mit der restlichen Limoncello-Mischung tränken und die restliche Zitronencreme darauf glatt verstreichen. Das Tiramisu abgedeckt mindestens 3 Stunden kühl stellen. Zum Servieren mit Kakaopulver bestäuben und in Stücke schneiden.

Tipp

Diese zitronige Variante des klassischen Tiramisus werden Sie lieben! Direkt aus dem Kühlschrank ist es super erfrischend an heißen Tagen. Bitte achten Sie bei der Zubereitung auf sehr frische Eier, da sie roh verwendet werden.

Sommerliches Topfengratin

〰〰〰〰〰〰〰〰〰〰〰〰〰〰〰〰〰〰〰〰

1. Für die Fruchtmischung die Johannisbeeren verlesen, waschen und abtropfen lassen. Die Beeren mithilfe einer Gabel von den Stielen streifen. Die Himbeeren verlesen. Den Biskuit in etwa 2 cm große Würfel schneiden. Johannisbeeren, Himbeeren und Biskuitwürfel vermischen und in die Formen füllen.

2. Für die Gratiniermasse 100 ml Milch mit Vanillemark, 1 EL Zucker, 1 Prise Meersalz und der Zitronenschale in einem Topf aufkochen. Die Stärke mit der restlichen Milch glatt rühren. Die Stärkemischung unter Rühren in die kochende Milchmischung gießen und alles unter Rühren 5 Minuten köcheln lassen. Den Topf vom Herd nehmen und die Eigelbe rasch unter den Pudding ziehen und diesen lauwarm abkühlen lassen.

3. Den Backofengrill auf 175 °C vorheizen. Das Eiweiß mit dem restlichen Zucker zu steifem Schnee schlagen. Den Quark mit der Sahne glatt rühren und unter den lauwarmen Pudding rühren. Zum Schluss den Eischnee unterziehen.

4. Die Gratiniermasse auf der Beerenmischung in den Förmchen verteilen und die Gratins im Ofen auf der mittleren Schiene 15 bis 17 Minuten goldgelb gratinieren. Sollte die Oberfläche während der Gratinierzeit zu stark bräunen, mit Backpapier abdecken. Herausnehmen und etwas abkühlen lassen.

Für 8 ofenfeste Portionsformen
à ca. 10 cm Ø

Für die Fruchtmischung:
100 g Weiße oder Rote Johannisbeeren
100 g Himbeeren
150 g Biskuit
(siehe Grundrezept S. 14/15)

Für die Gratiniermasse:
125 ml Milch
Mark von ½ Vanilleschote
60 g Zucker
feines Meersalz
abgeriebene Schale von
1 Bio-Zitrone
1 EL Speisestärke
2 Eigelb (Größe M)
1 Eiweiß (Größe M)
100 g Speisequark (40 % Fett)
65 g Sahne

Zubereitung: ca. 25 Minuten
Backen: 15–17 Minuten

Das Gratin lässt sich statt in kleinen Portionsförmchen natürlich auch in einer großen ofenfesten Form backen. Die Backzeit bleibt dabei gleich.

Mamas Apfelmus-Crumbles

〰〰〰〰〰〰〰〰〰〰〰〰〰〰〰〰〰〰

**Für 1 Muffinblech mit
12 Mulden à 7 cm Ø**

Für den Mürbeteig:
250 g Weizenmehl (Type 405)
70 g Zucker
140 g weiche Butter
feines Meersalz
1 Ei (Größe M)
1 EL Rum

Für die Streusel:
200 g Butter
50 g geröstete Haselnusskerne
(siehe S. 195)
300 g Weizenmehl (Type 405)
180 g Zucker
2 EL Vanillezucker
⅓ TL Zimtpulver

Für die Füllung:
200 g Speisequark (40 % Fett)
100 g Sauerrahm (saure Sahne)
1 Ei (Größe M)
1 geh. TL Vanillepuddingpulver
(ca. 5 g)
50 g Zucker
1 TL Vanillezucker
1 großes Glas Apfelmus
(ca. 720 ml Inhalt)

Außerdem:
Butter und Mehl für das Blech
Mehl für die Arbeitsfläche
ca. 3 EL Weißbrotbrösel zum
Bestreuen der Teigböden
Puderzucker zum Bestäuben

Zubereitung: ca. 40 Minuten
Kühlen: mind. 30 Minuten
Backen: 18–22 Minuten

1. Für den Mürbeteig Mehl, Zucker, Butter, 1 Prise Meersalz, Ei und Rum in einer Schüssel mit den Knethaken des Handrührgeräts rasch zu einem glatten Teig verkneten. Den Teig zu einer Kugel formen, diese etwas flach drücken und in Frischhaltefolie gewickelt mindestens 30 Minuten kühl stellen.

2. Die Mulden des Muffinblechs leicht mit Butter einfetten und mit Mehl ausstäuben, überschüssiges Mehl wieder aus der Form klopfen. Den Backofen auf 160 °C Umluft vorheizen.

3. Den Teig nochmals kurz durchkneten und auf einer leicht bemehlten Arbeitsfläche 2 bis 3 mm dünn ausrollen. Mit einem Ausstecher oder einem umgedrehten Glas 12 Kreis von etwa 15 cm Durchmesser ausstechen und die Mulden des Muffinblechs damit auslegen. Überstehende Teigränder mit dem Messer abschneiden. Die Teigböden dünn mit Weißbrotbröseln bestreuen.

4. Für die Streusel die Butter in einem Topf bei schwacher Hitze zerlassen und leicht abkühlen lassen. Die Haselnüsse fein mahlen. Das Mehl mit Nüssen, Zucker, Vanillezucker und Zimt in einer Schüssel mischen. Die flüssige Butter unter Rühren mit den Quirlen des Handrührgeräts einfließen lassen und nur so lange unterrühren, bis alles vermengt ist und Streusel entstehen.

5. Für die Füllung Quark, Sauerrahm, Ei, Puddingpulver, Zucker und Vanillezucker gut verquirlen. Die Quarkmasse gleichmäßig in die Mürbeteighüllen verteilen und je etwa 2 EL Apfelmus daraufgeben. Die Streusel mit den Fingern daraufbröseln.

6. Die Crumbles im Ofen auf der mittleren Schiene 18 bis 22 Minuten goldgelb backen. Aus dem Ofen nehmen und die Muffins im Blech abkühlen lassen, dann vorsichtig mit einem stumpfen Messer herauslösen. Zum Servieren mit Puderzucker bestäuben.

〰〰〰〰〰〰〰〰〰〰 *Tipp* 〰〰〰〰〰〰〰〰〰〰

Statt fertiges Apfelmus aus dem Glas zu verwenden, können Sie die Crumbles auch mit meinem Bratapfelkompott von S. 175 füllen.

Buntes Kekssandwich mit Stracciatellaeis

Für 10 Stück

Für den Mürbeteig:
250 g Weizenmehl (Type 405)
140 g weiche Butter
70 g Zucker
1 Ei (Größe M)
abgeriebene Schale von
½ Bio-Zitrone
feines Meersalz
ca. 1 TL Kakaopulver
rote Lebensmittelfarbe

Für das Eis:
5 Eigelb (Größe M)
130 g Zucker
¼ l Milch
250 g Sahne
Mark von 1 Vanilleschote
(am besten Tahiti-Vanille)
50 g Zartbitterkuvertüre

Außerdem:
digitales Küchenthermometer
Mehl für die Arbeitsfläche
runder Ausstecher (8 cm Ø)
evtl. Eismaschine (siehe Tipp)

Zubereitung: ca. 1 Stunde
Kühlen: mind. 30 Minuten
Gefrieren: ca. 40 Minuten
Backen: 12–15 Minuten

1. Für den Mürbeteig Mehl mit Butter, Zucker, Ei, Zitronenschale und 1 Prise Meersalz in einer Schüssel mit den Knethaken des Handrührgeräts oder in der Küchenmaschine rasch zu einem glatten Teig verkneten. Etwa ein Drittel des Teigs abnehmen und mit dem Kakaopulver verkneten, sodass ein brauner Teig entsteht. Vom restlichen Teig ein Stück in Größe eines Golfballes abnehmen und mit 1 Tropfen roter Lebensmittelfarbe verkneten, sodass ein rosafarbener Teig entsteht. Alle Teigstücke in Frischhaltefolie gewickelt mindestens 30 Minuten kühl stellen.

2. Den Backofen auf 160°C Umluft vorheizen. Ein Backblech mit Backpapier auslegen. Die farbigen Teigstücke auf der leicht bemehlten Arbeitsplatte zu etwa 15 cm langen Rollen formen. Den hellen Mürbeteig zu einer 15 × 10 cm großen Platte ausrollen, dann die gefärbten Teigrollen längs darauflegen. Anschließend den Teig etwa 4 mm dick ausrollen, sodass bunte Streifen auf dem Mürbeteig entstehen.

3. Mit dem Ausstecher (oder einem umgedrehten Glas) 20 Kreise von 8 cm Durchmesser ausstechen, auf das Blech legen und im Ofen auf der mittleren Schiene 12 bis 15 Minuten goldbraun backen. Auf dem Blech vollständig abkühlen lassen.

4. Inzwischen für das Eis die Eigelbe mit dem Zucker in einer Metallschüssel verrühren. Milch, Sahne und Vanillemark in einem Topf aufkochen. Die kochende Milchmischung unter Rühren zur Eigelb-Zucker-Masse geben und alles unter ständigem Rühren über dem heißen Wasserbad auf 80°C (Thermometer!) erhitzen.

5. Die Eismasse durch ein feines Sieb streichen und in der Eismaschine cremig gefrieren lassen, das dauert etwa 40 Minuten. Falls eine Eismaschine mit vorgekühltem Behälter verwendet wird, die Eismasse vor dem Gefrieren zunächst abkühlen lassen. Während die Eismasse gefriert, die Kuvertüre unter Rühren über dem heißen Wasserbad schmelzen und anschließend abkühlen lassen. Die flüssige Kuvertüre kurz vor dem Entnehmen in die Eiscreme einlaufen lassen und kurz unterrühren.

6. Das Eis auf die Hälfte der Kekse verteilen und mit den übrigen Keksen abdecken, die Ränder glatt streichen. Die Sandwiches bis zum Verzehr in Backpapier wickeln und im Tiefkühlfach aufbewahren.

Tipp

Wer keine Eismaschine hat, lässt die Eismasse abkühlen, füllt sie in einen flachen Gefrierbehälter und lässt sie im Tiefkühlfach etwa 3 Stunden gefrieren. Währenddessen die Eismasse alle 30 Minuten kräftig durchrühren, damit sich keine großen Eiskristalle bilden können. Sobald die Masse cremig gefroren ist, die Kuvertüre unterrühren. Damit die Wartezeit dann nicht so lang ist, sollten Sie in diesem Fall zuerst das Eis und dann die Kekse zubereiten. Und wenn es einmal besonders schnell gehen muss, können Sie die Kekse auch mit gekauftem Eis füllen.

Die Eis-Sandwiches lassen sich gut vorbereiten und sind im Sommer eine willkommene Erfrischung. Perfekt auch für den Kindergeburtstag!

Erntezeit

Flamingokuchen

~~~~~~~~~~~~~~~~~~~~~~~~~~~~~~

Für 1 Gugelhupfform von 26 cm Ø
(16 Stücke)
Butter und Mehl für die Form
250 g weiche Butter
250 g Puderzucker
feines Meersalz
2 EL Zitronensaft
Mark von 1 Vanilleschote
200 g Marzipanrohmasse
6 Eier (Größe M)
325 g Weizenmehl (Type 405)
175 g Speisestärke
3 TL Backpulver
100 g getrocknete Cranberrys
120 ml Rote-Bete-Saft

Zubereitung: ca. 20 Minuten
Backen: 45–50 Minuten

1. Die Gugelhupfform mit Butter einfetten und mit Mehl ausstäuben. Den Backofen auf 175°C Umluft vorheizen.

2. Für den Teig Butter, Puderzucker, 1 Prise Meersalz, Zitronensaft und Vanillemark in einer Schüssel mit den Quirlen des Handrührgeräts cremig rühren.

3. Die Marzipanrohmasse in die Butter-Zucker-Creme bröckeln und alles zu einer glatten, hellcremigen Masse verrühren. Die Eier nacheinander jeweils so lange unterrühren, bis sich die Zutaten wieder gut verbunden haben.

4. Das Mehl mit der Stärke und dem Backpulver mischen und sieben. Die Cranberrys untermischen. Die Mehlmischung abwechselnd mit dem Rote-Bete-Saft nur so lange unter die Buttermasse rühren, bis ein glatter Teig entstanden ist. Den Teig in die Form füllen und glatt streichen.

5. Den Gugelhupf im Ofen auf der untersten Schiene 45 bis 50 Minuten backen. Aus dem Ofen nehmen und in der Form lauwarm abkühlen lassen. Dann den Kuchen vorsichtig aus der Form stürzen und auf einem Kuchengitter vollständig abkühlen lassen.

~~~~~~~~~~~~~~~~ *Tipp* ~~~~~~~~~~~~~~~~

Durch die Hitze im Backofen verändert sich das zunächst grelle Pink des Teigs in ein zartes Rosa – der perfekte Kuchen für den Mädels-Kaffeeklatsch oder die Kindergeburtstagsparty!

Königskuchen

~~~~~~~~~~~~~~~~~~~~~~~~~~~~~~~~~~~

Für 1 Kastenform von 30 cm Länge (15 Stücke)

Butter und Mehl für die Form
350 g Weizenmehl (Type 405)
12 g Backpulver
75 g Zitronat
100 g Orangeat
250 g Sultaninen
125 g Korinthen
200 g Marzipanrohmasse
4 EL Rum
250 g weiche Butter
180 g Puderzucker
Mark von 1 Vanilleschote
abgeriebene Schale von
1 Bio-Zitrone
feines Meersalz
5 Eier (Größe M)
60 ml Milch

Zubereitung: ca. 30 Minuten
Backen: 40–45 Minuten

1. Den Backofen auf 190 °C Umluft vorheizen. Die Kastenform mit Butter einfetten und mit Mehl ausstäuben. Das Mehl mit dem Backpulver mischen und sieben. Das Zitronat und Orangeat fein würfeln und mit den Sultaninen sowie den Korinthen locker unter die Mehlmischung mengen.

2. Das Marzipan mit dem Rum zu einer glatten Masse verarbeiten, am besten in einem hohen Rührbecher mit den Quirlen des Handrührgeräts.

3. Die Butter mit Puderzucker, Vanillemark, Zitronenschale und 1 Prise Meersalz in einer Schüssel mit den Quirlen des Handrührgeräts schaumig schlagen. Zunächst die Eier nacheinander jeweils gut unterrühren, dann die Marzipanmasse. Die Mehlmischung sowie die Milch unter die Butter-Marzipan-Masse rühren.

4. Den Teig in die Form füllen, glatt streichen und im Ofen auf der mittleren Schiene zunächst 10 Minuten backen. Dann die Kuchenoberfläche mittig der Länge nach mit einem Messer etwa 1 cm tief einschneiden, damit sie später nicht willkürlich aufreißt. Die Ofentemperatur auf 170 °C reduzieren und den Kuchen weitere 30 bis 35 Minuten goldbraun fertig backen.

5. Den Kuchen aus dem Ofen nehmen und in der Form lauwarm abkühlen lassen, Dann vorsichtig aus der Form lösen und auf einem Kuchengitter vollständig abkühlen lassen.

Wenn der Königskuchen ausgekühlt ist, können Sie ihn durch ein feines Sieb mit Puderzucker bestäuben oder mit einer Schokoladenglasur (siehe S. 196) überziehen.

Schneller Käsekuchen

1. Für den Mürbeteig das Mehl sieben. Mit Zucker, Butter, Milch, 1 Prise Meersalz und Zitronenschale mit den Händen oder den Knethaken des Handrührgeräts rasch zu einem glatten Teig verkneten. Den Teig zu einer Kugel formen, diese etwas flach drücken und in Frischhaltefolie gewickelt mindestens 30 Minuten kühl stellen.

2. Inzwischen für den Quarkbelag die Eier trennen. Das Puddingpulver mit dem Vanillemark und zwei Dritteln des Zuckers vermischen. Quark, Puddingpulvermischung, Eigelbe, Zitronenschale und 1 Prise Meersalz glatt verrühren. Die Eiweiße mit dem restlichen Zucker und 2 Prisen Meersalz zu steifem Schnee schlagen. Den Eischnee unter die Quarkmasse ziehen.

3. Den Backofen auf 175 °C Umluft vorheizen. Den Mürbeteig nochmals kurz durchkneten und auf der leicht bemehlten Arbeitsfläche zu einer etwa 4 mm dünnen runden Teigplatte ausrollen. Die Springform mit der Teigplatte auslegen, dabei einen etwa 5 cm hohen Rand bilden. Den Teigrand mit einem Messer gerade schneiden.

4. Den Mürbeteig mit den Rosinen bestreuen und die Quarkmasse hineinfüllen. Den Kuchen im Ofen auf der untersten Schiene 50 bis 60 Minuten goldbraun backen. Während der ersten Hälfte der Backzeit die Ofentür nicht öffnen, damit der Kuchen nicht zusammenfällt. Sollte der Belag gegen Ende der Backzeit zu stark bräunen, den Kuchen mit Backpapier abdecken. Aus dem Ofen nehmen und in der Form vollständig abkühlen lassen.

**Für 1 Springform von 28 cm Ø
(12 Stücke)**

Für den Mürbeteig:
300 g Weizenmehl (Type 405)
100 g Zucker
200 g weiche Butter
3 EL Milch
Meersalz
abgeriebene Schale von
½ Bio-Zitrone

Für den Quarkbelag:
4 Eier (Größe L)
1 Päckchen Vanillepuddingpulver
Mark von ½ Vanilleschote
150 g Zucker
1 kg Sahnequark (40 % Fett)
abgeriebene Schale von
½ Bio-Zitrone
feines Meersalz
30 g Rosinen

Außerdem:
Mehl für die Arbeitsfläche

**Zubereitung: ca. 30 Minuten
Kühlen: mind. 30 Minuten
Backen: 50–60 Minuten**

Evergreen

jeder liebt Käsekuchen

Luftiger Schokokuchen mit Weißbier

**Für 1 Springform von 26 cm Ø
(12 Stücke)**

Butter und Mehl für die Form
220 g Zartbitterkuvertüre
200 g sehr weiche Butter
180 g Puderzucker
feines Meersalz
4 Eier (Größe M)
150 g Weizenmehl (Type 405)
70 g Speisestärke
40 g Kakaopulver
1 EL Backpulver
170 ml dunkles Weißbier
(Weizenbier)

Zubereitung: ca. 30 Minuten
Backen: ca. 45 Minuten

1. Den Backofen auf 175°C Umluft vorheizen. Die Springform mit Butter einfetten und mit Mehl ausstäuben.

2. Für den Teig die Kuvertüre grob hacken. 100 g Kuvertüre in einer Metallschüssel über dem heißen Wasserbad unter Rühren schmelzen. Die Butter, den Puderzucker und 1 Prise Meersalz in einer Schüssel mit den Quirlen des Handrührgeräts mindestens 3 Minuten schaumig schlagen. Die Eier nacheinander jeweils so lange unterrühren, bis sich alle Zutaten wieder gut verbunden haben. Die Masse weitere 2 Minuten hellcremig schlagen. Die flüssige Kuvertüre unterrühren.

3. Das Mehl mit Stärke, Kakaopulver und Backpulver mischen und sieben. Die restliche gehackte Kuvertüre untermischen. Die Mehlmischung und zum Schluss das Bier unter die Buttermasse rühren.

4. Den Teig in die Form füllen und im Ofen auf der mittleren Schiene etwa 30 Minuten backen. Die Backofentemperatur auf 150°C Umluft herunterschalten und den Kuchen weitere 15 Minuten fertig backen. Aus dem Ofen nehmen und in der Form noch etwa 5 Minuten ruhen lassen. Dann auf ein Kuchengitter stürzen und abkühlen lassen.

Tipp

Nach Belieben den Kuchen waagerecht halbieren, mit Orangenmarmelade füllen und mit Kuvertüre überziehen. So bleibt der Kuchen besonders lange saftig.

Lecker & saftig

das Geheimnis:
Bier im Teig

Nussstrudel mit Nugat und Birne

~~~~~~~~~~~~~~~~~~~~~~~~~~~

Für 1 Strudel (à 10 Stücke)

Für den Strudelteig:
150 g Weizenmehl (Type 405)
2 g feines Meersalz
1½ EL Öl
½ EL Essig

Für die Nussfüllung:
140 g Butter
160 g Biskuitbrösel
(z.B. von Löffelbiskuits;
ersatzweise Weißbrotbrösel)
200 g geröstete Haselnusskerne
(siehe S.195)
80 g Zucker
⅓ TL Zimtpulver
abgeriebene Schale von
½ Bio-Zitrone
1 große Dose Birnenhälften
(ca. 800 g)
100 g Nussnugatmasse
200 g Sauerrahm (saure Sahne)

Außerdem:
Butter für die Form
Mehl zum Ausrollen
60 g Butter zum Bestreichen
Puderzucker zum Bestäuben

Zubereitung: ca. 40 Minuten
Ruhen: mind. 12 Stunden
Backen: 40–50 Minuten

1. Für den Strudelteig das Mehl in eine Schüssel sieben und 1 Prise Meersalz hinzufügen. Öl, Essig und nach und nach 150 ml lauwarmes Wasser unterkneten. Alles etwa 5 Minuten kräftig zu einem glatten, elastischen Teig verkneten. Den Teig zu einer Kugel formen, dünn mit Öl einpinseln und in Frischhaltefolie gewickelt bei Zimmertemperatur etwa 12 Stunden ruhen lassen, am besten über Nacht.

2. Für die Nussfüllung die Butter in einem Topf bei mittlerer Hitze zerlassen und die Biskuitbrösel darin leicht bräunen. Den Topf vom Herd nehmen. Die Haselnüsse fein mahlen. Die Hälfte der Haselnüsse, Zucker, Zimt sowie Zitronenschale unter die Bröselmasse mischen. Die Birnen in ein Sieb abgießen und gut abtropfen lassen.

3. Ein tiefes Backblech mit Butter einfetten. Die Butter zum Bestreichen zerlassen. Den Backofen auf 175 °C Umluft vorheizen. Die Teigkugel auf einem bemehlten Küchentuch (40 × 40 cm) mit dem Nudelholz etwas ausrollen. Dann über die bemehlten Handrücken vorsichtig zu einem hauchdünnen Rechteck ausziehen (siehe S. 24).

4. Die Nussmischung gleichmäßig auf der Teigplatte verteilen, dabei rundum einen etwa 3 cm breiten Rand frei lassen. Den Rand dünn mit Wasser bestreichen. Die restlichen Haselnüsse gleichmäßig auf der Füllung verteilen. Die Nussnugatmasse in dünne Scheiben schneiden und mittig längs darauflegen. Die Birnenhälften nochmals halbieren und gleichmäßig auf der Teigplatte verteilen. Den Sauerrahm als Kleckse daraufgeben.

5. Den Strudel mithilfe des Tuchs aufrollen und mit der Naht nach unten auf das Backblech legen. Den Strudel mit etwas zerlassener Butter bestreichen und im Ofen auf der mittleren Schiene 40 bis 50 Minuten goldbraun backen. Dabei zwischendurch immer wieder mit Butter bestreichen.

6. Den Nussstrudel aus dem Ofen nehmen, mit Puderzucker bestäuben und noch warm servieren.

~~~~~~~~~~~~~~~~ *Tipp* ~~~~~~~~~~~~~~~~

Gönnen Sie dem Strudelteig unbedingt die vorgesehene Ruhezeit. Nur so wird der Teig schön elastisch und lässt sich später hauchdünn ausziehen.

Rotweinkuchen mit Schokosplittern

1. Die Springform mit Butter einfetten und mit Mehl ausstäuben. Den Backofen auf 175°C Umluft vorheizen.

2. Die Kuvertüre grob hacken. Die Butter, den Puderzucker und 1 Prise Meersalz in einer Schüssel mit den Quirlen des Handrührgeräts mindestens 3 Minuten schaumig schlagen. Die Eier nacheinander jeweils so lange unterrühren, bis sich alle Zutaten wieder gut verbunden haben. Die Masse weitere 2 Minuten hellcremig schlagen.

3. Das Mehl mit dem Natron und dem Kakaopulver mischen und sieben. Den Zimt und die gehackte Kuvertüre untermischen. Die Mehlmischung nach und nach abwechselnd mit dem Rotwein und dem Zitronensaft unter die Buttermasse rühren.

4. Den Teig in die Springform füllen und im Ofen auf der mittleren Schiene 40 bis 45 Minuten backen.

5. Den Kuchen aus dem Ofen nehmen und in der Form lauwarm abkühlen lassen. Dann vorsichtig aus der Form lösen und auf einem Kuchengitter vollständig abkühlen lassen.

Für 1 Springform von 22 cm Ø
(8 Stücke)
Butter und Mehl für die Form
100 g Zartbitterkuvertüre
180 g weiche Butter
150 g Puderzucker
feines Meersalz
4 Eier (Größe M)
220 g Weizenmehl (Type 405)
10 g Natron
30 g Kakaopulver
1 gestr. TL Zimtpulver
130 ml kräftiger Rotwein
2 EL Zitronensaft

Zubereitung: ca. 20 Minuten
Backen: 40–45 Minuten

Sie backen lieber ohne Alkohol? Dann können Sie den Rotwein natürlich durch Rote-Bete-Saft oder Johannisbeersaft ersetzen. Statt Zartbitterkuvertüre macht sich auch weiße oder Vollmilchkuvertüre super!

Vanille-Grießkuchen mit Eierlikörguss

Für 1 Gugelhupfform von 26 cm Ø oder 2 Formen à 18 cm Ø (16 Stücke)

Für die Grießmasse:
300 ml Milch
35 g Weichweizengrieß
50 g Zucker
Mark von 2 Vanilleschoten
abgeriebene Schale von
½ Bio-Zitrone

Für den Rührteig:
175 g weiche Butter
100 g Puderzucker
abgeriebene Schale von
½ Bio-Zitrone
4 Eigelb (Größe M)
100 g Weizenmehl (Type 405)
100 g Speisestärke
5 Eiweiß (Größe M)
75 g Zucker

Für den Eierlikörguss:
6½ Blatt weiße Gelatine
300 ml Eierlikör
50 g Puderzucker
200 g Sahne

Außerdem:
Butter und Mehl für die Form

Zubereitung: ca. 50 Minuten
Backen: ca. 40 Minuten

1. Für die Grießmasse in einem kleinen Topf Milch mit Grieß, Zucker, Vanillemark und Zitronenschale unter ständigem Rühren aufkochen und etwa 5 Minuten köcheln lassen. Die Grießmasse abkühlen lassen.

2. Den Backofen auf 175°C Umluft vorheizen. Die Gugelhupfform mit Butter einfetten und mit Mehl ausstäuben. Für den Teig Butter, Puderzucker und Zitronenschale in einer Schüssel mit den Quirlen des Handrührgeräts schaumig schlagen. Die Eigelbe nach und nach unterrühren. Die Grießmasse unter die Buttermasse rühren.

3. Das Mehl mit der Stärke mischen und sieben. Die Eiweiße mit dem Zucker zu steifem Schnee schlagen und abwechselnd mit der Mehlmischung unter die Butter-Grieß-Masse heben.

4. Den Teig in die Form füllen und im Ofen auf der mittleren Schiene etwa 40 Minuten backen. Aus dem Ofen nehmen und in der Form lauwarm abkühlen lassen. Dann aus der Form stürzen und auf einem Kuchengitter vollständig abkühlen lassen.

5. Für den Eierlikörguss die Gelatine 10 Minuten in kaltem Wasser einweichen. Den Eierlikör, den Puderzucker und die Sahne in einer Schüssel mit dem Schneebesen verrühren. Die Gelatine tropfnass in einen kleinen Topf geben und bei schwacher Hitze auflösen (sie darf nicht kochen!). Zunächst ein Drittel der Eierlikörmischung unter die Gelatine rühren, dann diese Mischung sofort unter schnellem Rühren unter die restliche Eierlikörmischung ziehen.

6. Den Kuchen gleichmäßig mit der Hälfte des Eierlikörgusses überziehen, diesen etwas anziehen lassen, und dann den restlichen Guss darübergeben.

Tipp

Achtung: Durch den hohen Anteil an Grießmasse fällt der Kuchen nach dem Backen zusammen, ist dadurch aber besonders saftig.

Omas Bester
~~~~~
der passt immer!

Brownies mit Salzkaramell und Nüssen

Für 1 Backform von 20 × 15 cm Größe
(12 kleine Stücke)

Für den Salzkaramell:
70 g weißer Zucker
30 g dunkler Muscovadozucker
(Rohrzucker mit Karamellnote)
2 EL Butter
1 EL Honig
70 g Kondensmilch (10 % Fett)
½ TL Fleur de Sel (Meersalz mit
besonders knuspriger Konsistenz,
z.B. Maldon Salz)

Für den Brownie-Teig:
100 g Pekannusskerne
220 g Zartbitterkuvertüre
150 g Butter
40 g Vollmilchkuvertüre
4 Eier (Größe M)
200 g Zucker
2 EL Vanillezucker
120 g Weizenmehl (Type 405)
1 Msp. Zimtpulver

Zubereitung: ca. 30 Minuten
Backen: 35–40 Minuten

1. Für den Salzkaramell den weißen Zucker mit 3 EL Wasser in einem Topf verrühren und bei mittlerer Hitze hellbraun karamellisieren. Muscovadozucker, Butter, Honig und Kondensmilch unterrühren und die Karamellmasse mindestens 3 Minuten bei schwacher Hitze köcheln lassen. In eine Schüssel umfüllen und abkühlen lassen, dann das Meersalz unterrühren.

2. Den Backofen auf 160 °C Ober-/Unterhitze vorheizen. Für den Teig die Pekannüsse auf einem Backblech im Ofen auf der mittleren Schiene 12 Minuten rösten. Aus dem Ofen nehmen, abkühlen lassen und grob hacken. Die Zartbitterkuvertüre hacken und mit der Butter in einer Metallschüssel über dem heißen Wasserbad unter Rühren schmelzen. Die Vollmilchkuvertüre klein hacken.

3. Die Eier mit dem Zucker und dem Vanillezucker schaumig schlagen. Die Kuvertüre-Butter-Mischung unterrühren. Das Mehl daraufsieben. Zimt, gehackte Kuvertüre und Pekannüsse daraufgeben und alles vorsichtig unterheben.

4. Den Backofen auf 200 °C Umluft vorheizen. Die Backform mit Backpapier auslegen. Die Hälfte des Teigs in die Form füllen, und die Hälfte des Salzkaramells mithilfe eines Esslöffels darauf verteilen. Den restlichen Teig und darauf das restliche Karamell verteilen. Einen Löffelstiel spiralförmig durch die Teig- und Karamellschichten ziehen, sodass eine leichte Marmorierung entsteht.

5. Den Browniekuchen im Ofen auf der mittleren Schiene zunächst 10 Minuten backen. Die Backofentemperatur auf 170 °C Umluft herunterschalten und den Kuchen weitere 25 bis 30 Minuten fertig backen. Aus dem Ofen nehmen und in der Form abkühlen lassen. In Stücke schneiden und servieren.

Tipp

Die Brownies sehen besonders hübsch aus, wenn Sie sie mit gerösteten Walnusskernen oder Pekannüssen (siehe S. 195) dekorieren.

Macadamianuss-Blondies

Für 1 Backform von 25 × 25 cm Größe
(ca. 12 Stücke)
80 g ungesalzene
Macadamianusskerne
160 g weiße Kuvertüre
175 g Weizenmehl (Type 405)
1 TL Backpulver
125 g Butter
125 g Zucker
2 Eier (Größe L)
abgeriebene Schale von
½ Bio-Zitrone
Mark von ½ Vanilleschote

Zubereitung: ca. 20 Minuten
Backen: 30–35 Minuten

1. Den Backofen auf 150°C Umluft vorheizen. Die Macadamianüsse auf einem Backblech verteilen und im Ofen auf der mittleren Schiene 12 Minuten rösten. Die Nüsse aus dem Ofen nehmen, abkühlen lassen und grob hacken.

2. Die Backofentemperatur auf 170°C Umluft erhöhen. Die Backform mit Backpapier auslegen. Die Kuvertüre grob hacken. Das Mehl mit Backpulver, Macadamianüssen und der Hälfte der Kuvertüre vermischen.

3. Die restliche Kuvertüre und die Butter in einer Metallschüssel über dem heißen Wasserbad unter Rühren schmelzen. Den Zucker mit den Eiern, der Zitronenschale und dem Vanillemark mit den Quirlen des Handrührgeräts schaumig schlagen. Die Kuvertüre-Butter-Mischung unter den Eierschaum ziehen. Die Mehlmischung vorsichtig unterrühren.

4. Den Blondie-Teig in der Backform glatt streichen und im Ofen auf der mittleren Schiene 30 bis 35 Minuten goldbraun backen. Aus dem Ofen nehmen und in der Form abkühlen lassen. In Stücke schneiden und servieren.

Anstelle der Macadamianüsse können Sie die Blondies auch mit Pinienkernen, Cashewkernen oder Pekannüssen backen.

Bratapfelkuchen

1. Für die Bratäpfel die Haselnüsse fein hacken. Das Marzipan mit dem Zucker und der Butter in einem hohen Rührbecher mit den Quirlen des Handrührgeräts glatt rühren. Eier, Honig, Zitronensaft, Rum, Zimt und Zitronenschale hinzufügen und alles hellcremig aufschlagen. Die Haselnüsse unterheben.

2. Den Backofen auf 185°C Ober-/Unterhitze vorheizen. Die Äpfel waschen, auf der Seite mit dem Stielansatz jeweils einen etwa 1 cm hohen Deckel abschneiden und diese beiseitelegen. Die Kerngehäuse mit einem Apfelausstecher entfernen. Die Äpfel nebeneinander in eine große Auflaufform oder auf ein tiefes Backblech setzen und jeweils mit der Nussmasse füllen. Im Ofen auf der mittleren Schiene 20 Minuten garen.

3. Inzwischen für den Teig die Haselnüsse fein mahlen. Die Butter mit Zucker, Eiern, Zitronenschale, Zimt und 1 Prise Meersalz in einer Schüssel mit den Quirlen des Handrührgeräts cremig schlagen. Haselnüsse mit dem Mehl und dem Backpulver mischen. Zunächst die Mehlmischung unter die Buttermasse rühren, dann den Apfelsaft.

4. Ein Backblech mit Butter einfetten und mit Mehl ausstäuben. Den Teig auf dem Blech glatt streichen. Die Ofentemperatur auf 175°C Ober-/Unterhitze herunterschalten. Die gegarten Bratäpfel aus dem Ofen nehmen, in gleichmäßigem Abstand zueinander in den Teig drücken und mit den Apfel-Deckeln verschließen.

5. Den Kuchen im Ofen auf der mittleren Schiene 40 Minuten backen. Sollte währenddessen die Oberfläche zu stark bräunen, den Kuchen mit Alufolie abdecken. Aus dem Ofen nehmen und auf dem Blech abkühlen lassen.

Für 1 Backblech von ca. 40 × 30 cm Größe (12 Stücke)

Für die Bratäpfel:
175 g geröstete Haselnusskerne (siehe S. 195)
100 g Marzipanrohmasse
100 g Zucker
100 g weiche Butter
2 Eier (Größe M)
2 EL flüssiger Honig
2 EL Zitronensaft
2 EL brauner Rum
1 TL Zimtpulver
abgeriebene Schale von ½ Bio-Zitrone
12 kleine Äpfel (à ca. 100 g)

Für den Teig:
100 g geröstete Haselnusskerne (siehe S. 195)
200 g weiche Butter
200 g Zucker
4 Eier (Größe M)
abgeriebene Schale von 1 Bio-Zitrone
½ TL Zimtpulver
feines Meersalz
150 g Weizenmehl (Type 405)
2 TL Backpulver
100 ml naturtrüber Apfelsaft

Außerdem:
Butter und Mehl für das Blech

Zubereitung: ca. 30 Minuten
Backen: ca. 1 Stunde

Fruchtig-würzig sorgt für „Aaahs" und „Ooohs"

Birnen-Meringue-Törtchen

Für 8 Tarteletteformen à 10 cm Ø

Für den Mürbeteig:
150 g Weizenmehl (Type 405)
100 g weiche Butter
50 g Zucker
abgeriebene Schale von
¼ Bio-Zitrone
feines Meersalz

Für den Belag:
700 g reife Birnen
(z.B. Williams Christ)
100 g Zucker
¼ l Birnensaft
Saft von ½ Zitrone
Mark von 1 Vanilleschote
½ gestr. TL Zimtpulver
feines Meersalz
7 Blatt Gelatine

Für das Baiser:
2 sehr frische Eiweiß (Größe M)
90 g Zucker
2 EL Zitronensaft

Außerdem:
Butter und Mehl für die Formen
Mehl für die Arbeitsfläche

Zubereitung: ca. 50 Minuten
Kühlen: ca. 3 ½ Stunden
Backen: 10–12 Minuten

1. Für den Mürbeteig das Mehl sieben und mit Butter, Zucker, Zitronenschale, 1 Prise Meersalz sowie 2 EL eiskaltem Wasser rasch zu einem glatten Teig verkneten. Den Teig zu einer Kugel formen, diese etwas flach drücken und in Frischhaltefolie gewickelt mindestens 30 Minuten kühl stellen.

2. Den Backofen auf 160 °C Umluft vorheizen. Die Tarteletteformen mit Butter einfetten und mit Mehl ausstäuben. Den Teig nochmals kurz durchkneten und auf der leicht bemehlten Arbeitsfläche 2 bis 3 mm dünn ausrollen. Mit einem runden Ausstecher oder einem umgedrehten Glas 8 Kreise à etwa 12 cm Durchmesser ausstechen und die Formen damit auskleiden.

3. Die Tartelettböden im Ofen auf der mittleren Schiene 10 bis 12 Minuten goldgelb backen. Aus dem Ofen nehmen und in den Formen lauwarm abkühlen lassen. Dann vorsichtig aus den Formen lösen und auf einem Kuchengitter vollständig abkühlen lassen.

4. Für den Belag die Birnen schälen und in kleine Würfel schneiden, dabei jeweils das Kerngehäuse entfernen. Die Birnenwürfel mit Zucker, Birnen- und Zitronensaft, Vanillemark, Zimt und 1 Prise Meersalz in einen Topf geben und mit geschlossenem Deckel etwa 10 Minuten musig-weich garen. Inzwischen die Gelatine in kaltem Wasser einweichen.

5. Die weichen Birnen im Topf mit dem Stabmixer fein pürieren. Die Gelatine ausdrücken und unter das Birnenmus rühren. Die Masse lauwarm abkühlen lassen, dann in die Teigböden füllen. Die Tartelettes in den Kühlschrank stellen und die Birnenmasse 2 bis 3 Stunden fest werden lassen.

6. Kurz vor dem Servieren für das Baiser die Eiweiße mit dem Zucker und dem Zitronensaft in einer Metallschüssel über dem heißen Wasserbad zu steifem Schnee schlagen, bis sich der Zucker aufgelöst hat. Die Baisermasse in einen Spritzbeutel mit mittlerer Loch- oder Sterntülle füllen und rundum als Rand auf die Tartelettes spritzen, sodass in der Mitte noch der Birnenbelag zu sehen ist. Die Baisermasse mit dem Küchenbrenner goldbraun flambieren oder alternativ kurz unter dem Backofengrill bräunen. Die Törtchen sofort servieren.

Birnentarte

Für 1 Tarteform von 26 cm Ø
(12 Stücke)

Für den Mürbeteig:
300 g Weizenmehl (Type 405)
100 g Zucker • 200 g weiche Butter
1 Ei (Größe M) • feines Meersalz
abgeriebene Schale von
½ Bio-Zitrone

Für den Belag:
3–4 kleine reife Birnen • 70 g Butter
300 g Sauerrahm (saure Sahne)
abgeriebene Schale von
½ Bio-Zitrone
25 g Speisestärke • 100 g Zucker
4 Eier (Größe M)
Mark von ½ Vanilleschote
feines Meersalz
3 EL Weißbrotbrösel

Außerdem:
Butter und Mehl für die Form
Mehl für die Arbeitsfläche
getrocknete Hülsenfrüchte
zum Blindbacken

Zubereitung: ca. 40 Minuten
Kühlen: mind. 30 Minuten
Backen: ca. 1 Stunde

1. Für den Mürbeteig das Mehl sieben. Mit Zucker, Butter, Ei, 1 Prise Meersalz und Zitronenschale rasch zu einem glatten Teig verkneten. Den Teig zu einer Kugel formen, diese etwas flach drücken und in Frischhaltefolie gewickelt mindestens 30 Minuten kühl stellen.

2. Den Backofen auf 160 °C Umluft vorheizen. Die Tarteform mit Butter einfetten und mit Mehl ausstäuben. Den Mürbeteig auf der leicht bemehlten Arbeitsfläche mit dem Nudelholz etwa 4 mm dünn ausrollen und die Form damit auslegen, überstehenden Teigrand mit einem Messer gerade schneiden. Den Teig mit Backpapier belegen, mit Hülsenfrüchten auffüllen und im Ofen auf der mittleren Schiene 12 Minuten blindbacken.

3. Inzwischen für den Belag die Birnen halbieren und schälen, die Kerngehäuse entfernen. Die Butter in einem Topf bei schwacher Hitze zerlassen und mit dem Sauerrahm und der Zitronenschale verrühren. Die Stärke mit 1 EL Zucker mischen und unter die Sauerrahmmasse rühren. Die Eier trennen. Die Eigelbe mit 2 EL Zucker und dem Vanillemark schaumig rühren. Die Eiweiße mit dem restlichen Zucker und 1 Prise Meersalz zu einem cremigen, festen Schnee schlagen.

4. Den Tarteboden aus dem Ofen nehmen und das Backpapier mit den Hülsenfrüchten entfernen. Die Sauerrahmmasse mit der Eigelbmasse verrühren und den Eischnee unterziehen. 3 EL Weißbrotbrösel auf den Tarteboden streuen, die Creme einfüllen und die Birnenhälften nebeneinander darauflegen.

5. Die Tarte im Ofen auf der mittleren Schiene etwa 50 Minuten goldgelb backen. Herausnehmen und in der Form abkühlen lassen.

Tipp

Mürbeteigreste können Sie zu einer Kugel verknetet und in Frischhaltefolie gewickelt etwa 1 Woche im Kühlschrank aufbewahren oder aber für mehrere Monate tiefkühlen. So haben Sie immer schnell einen Mürbeteig zur Hand, aus dem Sie z.B. Tartelettes oder Plätzchen backen können.
Anstatt den Teigboden mit Weißbrotbröseln auszustreuen, können Sie auch einen dünnen Biskuitboden hineinlegen – beides verhindert, dass der Mürbeteig während des Backens durchweicht.

Gelingt leicht

supersaftig
Stück für Stück

Irmis Apfel-Streusel-Traum

Für 1 Springform von 26 cm Ø
(12 Stücke)

Für den Mürbeteig:
200 g Dinkelmehl (Type 630)
1 TL Backpulver
80 g weiche Butter
75 g Zucker
1 Ei (Größe M)
abgeriebene Schale von
½ Bio-Zitrone
1 Päckchen Vanillezucker

Für den Belag:
6 große säuerliche Äpfel
(z.B. Boskop)
50 g Zucker
1 TL Zimtpulver

Für die Streusel:
100 g Butter
100 g geröstete Haselnüsse
(siehe S. 195)
100 g Weizenmehl (Type 405)
70 g Zucker

Außerdem:
Butter und Mehl für die Form
Mehl für die Arbeitsfläche

Zubereitung: ca. 40 Minuten
Kühlen: ca. 30 Minuten
Backen: 60–65 Minuten

1. Für den Mürbeteig das Mehl sieben. Mit Backpulver, Butter, Zucker, Ei, Zitronenschale und Vanillezucker rasch zu einem glatten Mürbeteig verkneten. Den Teig zu einer Kugel formen, diese etwas flach drücken und in Frischhaltefolie gewickelt etwa 30 Minuten kühl stellen.

2. Inzwischen für den Belag die Äpfel schälen, achteln und mit der Gemüsereibe fein hobeln oder mit dem Messer in dünne Scheiben schneiden. Mit dem Zucker und dem Zimt mischen.

3. Für die Streusel die Butter in einem Topf bei schwacher Hitze zerlassen. Die Nüsse fein mahlen. Butter und Nüsse mit Mehl und Zucker in einer Schüssel mischen, bis feine Streusel entstanden sind.

4. Die Springform mit Butter einfetten und mit Mehl ausstäuben. Den Backofen auf 180°C Umluft vorheizen. Den Teig auf der leicht bemehlten Arbeitsfläche etwa 4 mm dick ausrollen und die Form komplett damit auslegen, überstehenden Rand mit einem Messer gerade schneiden. Die Apfelmasse auf dem Teigboden verteilen und die Streusel gleichmäßig daraufstreuen.

5. Den Kuchen im Ofen auf der mittleren Schiene 60 bis 65 Minuten goldbraun backen. Eventuell nach der Hälfte der Backzeit mit Backpapier abdecken, damit der Kuchen nicht zu stark bräunt.

Mein Liebling!

Irmi – Du bist die Beste!

Zwetschgenkuchen mit Knusperboden

1. Den Backofen auf 175°C Ober-/Unterhitze vorheizen. Das Backblech mit Butter einfetten.

2. Für den Mürbeteig das Mehl mit dem Backpulver in einer Schüssel vermischen und mit dem Zucker, der Butter sowie 1 Prise Meersalz mit den Händen zu lockeren Streuseln verarbeiten. Die Streusel gleichmäßig auf dem Backblech verteilen, gut andrücken und im Ofen auf der mittleren Schiene etwa 8 Minuten goldbraun vorbacken. Aus dem Ofen nehmen. Die Ofentemperatur auf 170°C Ober-/Unterhitze herunterschalten.

3. Schon während der Teig bäckt, für den Belag die Zwetschgen waschen, längs halbieren und entsteinen. Butter, Zucker, Vanillezucker, Zitronenschale und 1 Prise Meersalz in einer Schüssel mit den Quirlen des Handrührgeräts schaumig schlagen. Die Eier nacheinander jeweils so lange unterrühren, bis sich alle Zutaten wieder gut verbunden haben. Die Masse hellcremig schlagen. Das Zwetschgenwasser unterrühren.

4. Das Mehl mit dem Backpulver mischen, sieben und unter die Buttermasse heben. Den Rührteig auf dem Mürbeteigboden verteilen und glatt streichen. Die Zwetschgenhälften mit der Schnittfläche nach unten auf den Teig legen.

5. Den Kuchen im Ofen auf der mittleren Schiene 40 bis 50 Minuten goldbraun backen. Aus dem Ofen nehmen, noch heiß mit Zimtzucker bestreuen und auf dem Blech abkühlen lassen.

Für 1 Backblech von ca. 40 × 30 cm
Größe (15 Stücke)

Für den Mürbeteig:
180 g Weizenmehl (Type 405)
1 TL Backpulver
80 g Zucker
125 g weiche Butter
feines Meersalz

Für den Belag:
1½ kg Zwetschgen
200 g weiche Butter
200 g Zucker
2 EL Vanillezucker
abgeriebene Schale von
1 Bio-Zitrone
feines Meersalz
4 Eier (Größe M)
2 cl Zwetschgenwasser
200 g Weizenmehl (Type 405)
2 TL Backpulver

Außerdem:
Butter für das Backblech
ca. 2 EL Zimtzucker zum Bestreuen
(siehe Tipp S.106)

Zubereitung: ca. 40 Minuten
Backen: 50–60 Minuten

Doppelter Boden

ein Gedicht für
den Gaumen

Zwetschgen-Pie

~~~~~~

**Für 1 Tarteform von 28 cm Ø
(12 Stücke)**

Für die Füllung:
800 g Zwetschgen
abgeriebene Schale und Saft
von 1 Bio-Zitrone
Mark von 1 Vanilleschote
50–100 g Gelierzucker 2 : 1
70 g geröstete Walnüsse
(siehe S. 195)
200 ml Pflaumensaft
80 g Speisestärke

Für den Teig:
250 g Weizenmehl (Type 405)
175 g weiche Butter
feines Meersalz

Außerdem:
Butter und Mehl für die Form
Mehl für die Arbeitsfläche
3 EL Biskuitbrösel (siehe Grundrezept S. 14/15; ersatzweise
zerbröselte Löffelbiskuits)
runder Ausstecher (2–3 cm Ø)
Aprikosenkonfitüre zum Bestreichen
Puderzucker und Walnusskern-
hälften (nach Belieben)

**Zubereitung: ca. 50 Minuten
Backen: 40–45 Minuten**

1. Für die Füllung die Zwetschgen waschen, halbieren und entsteinen. In einer Schüssel mit der Zitronenschale und dem -saft, dem Vanillemark und dem Gelierzucker gut mischen. Die Walnüsse hacken und untermischen. 150 ml Pflaumensaft in einem Topf zum Kochen bringen. 50 ml Pflaumensaft mit der Stärke glatt rühren. Die Stärkemischung in den kochenden Saft einrühren und alles mindestens 5 Minuten köcheln und andicken lassen. Die Saftmischung unter die Zwetschgenmischung mengen.

2. Den Backofen auf 200 °C Umluft vorheizen. Die Tarteform mit Butter einfetten und mit Mehl ausstäuben. Für den Teig das Mehl sieben und mit der Butter und 1 Prise Meersalz in einer Schüssel mit den Knethaken des Handrührgeräts zu Streuseln verarbeiten. 6 EL eiskaltes Wasser untermischen und alles rasch zu einem glatten Teig verkneten. Den Teig sofort in zwei Stücke teilen, von denen eines minimal größer ist. Das größere Teigstück auf der leicht bemehlten Arbeitsfläche zu einer runden Platte von etwa 32 cm Durchmesser ausrollen und die Tarteform damit auslegen, überstehenden Teigrand abschneiden. Das zweite Teigstück zu einer runden Platte von 28 cm Durchmesser ausrollen.

3. Den Teigboden in der Form mit einer Gabel vorsichtig mehrmals einstechen. Den Boden mit Biskuitbröseln ausstreuen. Die Zwetschgenmasse auf den Teigboden füllen und mit dem zweiten Teigkreis abdecken. Die Teigränder gut zusammendrücken. Mit einem Ausstecher einige Löcher aus dem Teigdeckel stechen. Die Pie im Ofen auf der mittleren Schiene 40 bis 45 Minuten backen. Eventuell nach 20 Minuten Backzeit mit Backpapier abdecken, damit die Pie nicht zu stark bräunt.

4. Inzwischen die Aprikosenkonfitüre in einem Topf aufkochen. Die Pie aus dem Ofen nehmen und die Oberfläche mit der Konfitüre bestreichen. Die Pie in der Form vollständig abkühlen lassen, dann vorsichtig herauslösen und zum Servieren nach Belieben mit Puderzucker bestäuben und mit Walnüssen garnieren.

*Mein Geheimtipp: Durch die Nüsse in
der Füllung bekommt der Kuchen
einen feinen Biss. Statt Walnüsse können
Sie auch Haselnüsse nehmen. Nuss-
Allergiker lassen die Nüsse weg.*

Schaumkopfmuffins mit Herz

Für 1 Muffinblech mit 12 Mulden

Für den Teig:

80 ml Orangensaft
220 g Weizenmehl (Type 405)
3 gestr. TL Backpulver
250 g weiche Butter
250 g Rohrohrzucker
abgeriebene Schale von
1 Bio-Orange
4 g feines Meersalz
Mark von ½ Vanilleschote
5 Eier (Größe M)
30 g Kakaopulver
3 EL Traubenkernöl

Für die Schaumhaube:

ca. ¾ Blatt weiße Gelatine (1,5 g)
100 g Zucker
100 g Eiweiß (von ca. 3 Eiern)
feines Meersalz

Außerdem:

12 Papierbackförmchen
1 kleine Springform
Butter und Mehl für die Form
1 Herzausstecher (3–4 cm Ø)
digitales Küchenthermometer
Spritzbeutel mit mittlerer Lochtülle
12 TL Erdbeerkonfitüre
(siehe S.170)
ca. 200 g Schokoladenglasur
(siehe S.196)

Zubereitung: ca. 1½ Stunden
Backen: 45–50 Minuten
Gefrieren: mind. 30 Minuten

1. Den Backofen auf 175°C Umluft vorheizen. In die Mulden des Muffinblechs je 1 Papierbackförmchen setzen. Die kleine Springform mit Butter einfetten und mit Mehl ausstäuben. Für den Teig den Orangensaft in einem Topf lauwarm erhitzen. Das Mehl mit dem Backpulver mischen und sieben.

2. Die Butter mit Zucker, Orangenschale, Salz, Vanillemark und Eiern in einer Schüssel mit den Quirlen des Handrührgeräts hellcremig schlagen. Die Mehlmischung und den Orangensaft mit dem Schneebesen unter die Buttermasse rühren. Ein Drittel des Teigs in eine zweite Schüssel umfüllen. Das Kakaopulver mit dem Öl und 40 ml Wasser glatt verrühren und unter das abgenommene Teigdrittel rühren.

3. Den dunklen Teig etwa 4 cm hoch in der kleinen Backform verstreichen und im Ofen auf der mittleren Schiene 20 Minuten backen. Herausnehmen und in der Form lauwarm abkühlen lassen. Dann aus der Form stürzen und 12 Herzen ausstechen. Den Backofen nicht ausschalten.

4. Etwa die Hälfte des hellen Teigs in die Papierförmchen verteilen (am besten mit einem Spritzbeutel), sodass diese je etwa ein Drittel hoch gefüllt sind. Je 1 Herz daraufsetzen und mit dem restlichen hellen Teig bedecken. Die Muffins im Ofen auf der mittleren Schiene 25 bis 30 Minuten goldbraun backen. Herausnehmen und in der Form lauwarm abkühlen lassen, dann herauslösen und auf einem Kuchengitter vollständig abkühlen lassen.

5. Für die Schaumhaube die Gelatine etwa 5 Minuten in kaltem Wasser einweichen. In einem Topf den Zucker mit 40 ml Wasser aufkochen. Die Temperatur mit dem Thermometer kontrollieren. Sobald der Sirup eine Temperatur von 120°C erreicht hat, den Topf vom Herd nehmen.

6. Das Eiweiß mit 1 Prise Salz in einer Schüssel mit den Quirlen des Handrührgeräts schaumig, aber nicht ganz steif schlagen. Den heißen Sirup langsam unter Rühren in den Eischnee einfließen lassen und alles etwa 1 Minute steif schlagen. Die Gelatine tropfnass in einem kleinen Topf bei schwacher Hitze auflösen und ebenfalls unter den Eischnee schlagen.

7. Die Schaummasse sofort in den Spritzbeutel füllen. Auf jeden Muffin einen Schaumring aufspritzen, in die Mitte jeweils 1 TL Erdbeerkonfitüre setzen und die Schaummasse als gleichmäßig spitz zulaufendes Häubchen daraufspritzen. Die Muffins im Tiefkühlfach mindestens 30 Minuten anfrieren lassen.

8. Zum Überziehen die Schokoladenglasur in einen schmalen hohen Behälter (z.B. einen Becher) füllen. Die angefrorenen Muffins kopfüber mit der Schaumhaube in die Glasur tauchen, wieder herausnehmen und überschüssige Glasur kurz abtropfen lassen. Dann die Muffins auf ein Kuchengitter setzen und die Glasur trocknen lassen. Die Schaumkopfmuffins frisch servieren.

Zugegeben, diese Muffins brauchen wirklich etwas Zeit
und sind auch nicht ganz einfach in der Zubereitung.
Aber ich garantiere Ihnen, dass sich die Mühe lohnt, denn
Ihre Gäste werden Sie dafür lieben!

Schokoladen-Macarons mit Hagebutte

Für ca. 25 Stück

Für die Macarons:

150 g Mandelmehl
(z.B. aus dem Bioladen)
15 g Kakaopulver (stark entölt)
100 g Puderzucker
110 g Eiweiß (von ca. 3 Eiern;
Größe L)
150 g Zucker

Außerdem:

digitales Küchenthermometer
Spritzbeutel mit Lochtülle
(10 mm Ø)
evtl. Silikonbackmatte für Macarons
ca. 150 g Hagebuttenkonfitüre
(aus dem Glas oder selbst gemacht,
siehe S.172)

Zubereitung: ca. 40 Minuten
Backen: 10–12 Minuten

1. Das Mandelmehl im Küchenmixer zu feinem Mandelstaub vermahlen und mit dem gesiebten Kakaopulver und Puderzucker mischen. Die Mandelmischung nochmals durchsieben und in einer Schüssel mit der Hälfte des Eiweißes (55 g genau abwiegen) zu einer glatten Masse verrühren.

2. Den Zucker mit 40 g Wasser (die exakte Menge ist wichtig, deshalb abwiegen!) in einem Topf erhitzen, bis eine Temperatur von 115°C erreicht ist. Dabei die Temperatur immer wieder mit dem Thermometer kontrollieren. Die Zuckermasse weitererhitzen und gleichzeitig das restliche Eiweiß in einer Schüssel mit den Quirlen des Handrührgeräts zu einem cremigen Schnee schlagen. Sobald die Zuckermasse eine Temperatur von 118°C erreicht hat, diese in einem dünnen Strahl unter Rühren auf niedriger Stufe zum Eischnee geben. Dann die Masse auf höchster Stufe weiterschlagen, dabei zwischendurch die Temperatur kontrollieren. Sobald eine Temperatur von etwa 50°C erreicht ist, die Kakao-Eiweiß-Masse nacheinander in vier Portionen vorsichtig, aber gleichmäßig mit dem Teigspatel untermischen.

3. Den Backofen auf 200°C Ober-/Unterhitze vorheizen. Ein Backblech mit Backpapier oder einer Silikonbackmatte für Macarons auslegen. Die Macaronmasse in den Spritzbeutel mit Lochtülle füllen und gleichmäßige Teigtupfen von etwa 2 cm Durchmesser auf das Papier oder in die Mitte der Backmattenmulden spritzen. Die Macarons im Ofen auf der mittleren Schiene 10 bis 12 Minuten backen, bis sie außen trocken sind und innen einen noch weichen Kern haben.

4. Die Macarons auf dem Blech abkühlen lassen. Bis zur weiteren Verwendung in einer luftdicht schließenden Dose aufbewahren, dort bleiben sie etwa 2 Wochen knusprig.

5. Zum Servieren die Hagebuttenkonfitüre glatt rühren. Auf die Hälfte der Macarons jeweils etwa ½ TL Konfitüre auf die Unterseite geben und einen zweiten Macaron mit der Unterseite leicht daran festdrücken.

Tipp

Für bunte Macarons lassen Sie das Kakaopulver bei der Macaronmasse weg, fügen 20 g mehr Mandeln dazu und färben Sie die Masse mit einigen Tropfen Lebensmittelfarbe bunt – gelbe Farbe bildet zum Beispiel einen schönen Kontrast zur Hagebuttenkonfitüre.

Semmelschmarren mit Heidelbeeren

Für 4 Portionen

Für die Schmarrenmasse:
8 Semmeln (Brötchen; vom Vortag)
4 Eier (Größe M)
½ l Milch
feines Meersalz
100 g Heidelbeeren

Außerdem:
3 EL Zucker
2 EL Butter
Puderzucker zum Bestäuben

Zubereitung: ca. 20 Minuten

1. Die Semmeln in etwa 2 cm große Würfel schneiden. Die Eier mit der Milch und 1 Prise Meersalz kurz mit dem Schneebesen verquirlen. Die Eiermilch mit den Händen unter die Semmelmasse mischen. Die Masse etwa 10 Minuten quellen lassen. Inzwischen die Heidelbeeren verlesen, waschen und gut abtropfen lassen.

2. In einer großen Pfanne den Zucker bei schwacher bis mittlerer Hitze karamellisieren. Die Semmelmasse darin verteilen und die Unterseite 2 bis 5 Minuten goldbraun backen. Dann den Schmarren wenden und auf der anderen Seite ebenfalls 2 bis 5 Minuten goldbraun backen, Schmarren mit zwei Pfannenwendern oder Holzspateln in Stücke reißen.

3. Die Butter in Flöckchen daraufgeben und vorsichtig untermengen. Die Heidelbeeren dazugeben und kurz mit erwärmen. Den Schmarren auf Teller verteilen, mit Puderzucker bestäuben und sofort servieren.

Tipp

Der Semmelschmarren ist eine wunderbare Resteverwertung für altbackene Brötchen. Servieren Sie dazu nach Belieben Vanilleeis, Heidelbeerkompott oder Zwetschgenkompott (siehe S. 174).

Hütten-Gaudi ...

... auch auf dem
platten Land

Apfelküchlein

~~~~~~

Für 4–6 Portionen

Für den Teig:
2 Eier (Größe M)
200 g Weizenmehl (Type 405)
¼ l Milch
1 EL Rum
½ TL Zimtpulver
5–6 säuerliche Äpfel (z.B. Boskop)
feines Meersalz
3 EL Zucker

Außerdem:
ca. 2 kg Butterschmalz zum
Ausbacken
Mehl zum Wenden
Zimtzucker zum Bestreuen
(siehe Tipp)

Zubereitung: ca. 40 Minuten
Quellen: mind. 30 Minuten

1. Für den Teig die Eier trennen. Das Mehl in eine Schüssel sieben und mit Eigelben, Milch, Rum und Zimt glatt verrühren. Den Teig mindestens 30 Minuten quellen lassen.

2. Inzwischen die Äpfel schälen und mit einem Apfelausstecher die Kerngehäuse entfernen. Die Äpfel quer in etwa 1 cm dicke Ringe schneiden.

3. Die Eiweiße mit 1 Prise Meersalz zu steifem Schnee schlagen, dabei den Zucker einrieseln lassen. Den Eischnee vorsichtig unter den Teig ziehen.

4. Das Butterschmalz in der Fritteuse oder einem großen Topf erhitzen. Es ist heiß genug (ca. 155 °C), wenn sich an einem hineingehaltenen Holzlöffelstiel Blasen bilden. Etwas Mehl zum Wenden in einen tiefen Teller geben.

5. Die Küchlein portionsweise ausbacken. Dafür die Apfelringe zunächst im Mehl wenden, überschüssiges Mehl gut abklopfen. Die Ringe jeweils mithilfe einer Gabel durch den Teig ziehen und im Fett rundum 4 bis 6 Minuten goldbraun ausbacken, dabei zwischendurch einmal wenden.

6. Fertige Küchlein mit dem Schaumlöffel herausheben und auf Küchenpapier abtropfen lassen. Sofort mit Zimtzucker bestreuen oder darin wenden und heiß servieren. Dazu passt Vanillesauce, Vanilleeis oder Schlagsahne.

Tipp

Zimtzucker findet man mittlerweile zwar in fast jedem größeren Supermarkt bei den Gewürzen oder den Backwaren, doch er lässt sich im Handumdrehen auch selbst mischen: Einfach 100 g Zucker mit etwa 1 TL Zimtpulver gründlich mischen. Was von der Zuckermischung nicht sofort verbraucht wird, behält – gut verschlossen in einem Twist-off-Glas aufbewahrt – mehrere Monate sein Aroma.

Hefeplinsen

1. Für den Hefeteig die Milch lauwarm erhitzen. Das Mehl in eine Schüssel sieben und eine Mulde in die Mitte drücken. Die Hefe hineinbröckeln und mit etwas Milch, 25 g Zucker und etwas Mehl vom Rand verrühren. Den Vorteig zugedeckt an einem warmen Ort mindestens 20 Minuten gehen lassen.

2. Die Eier trennen. Restliche Milch, Eigelbe, Quark, Butter, Zitronenschale und 1 große Prise Meersalz zum Vorteig geben und alles zu einem glatten Teig verrühren. Die Eiweiße mit dem restlichen Zucker zu einem cremigen, festen Schnee schlagen und unter den Teig heben. An einem warmen Ort weitere 30 Minuten ruhen lassen.

3. Etwas Öl in einer Pfanne erhitzen und nacheinander portionsweise kleine Pfannkuchen aus dem Teig backen. Dafür je Pfannkuchen etwa 2 EL Teig in die Pfanne geben und bei schwacher Hitze auf beiden Seiten goldbraun backen. Noch heiß mit Zimtzucker bestreuen und sofort servieren.

Tipp

Genial vielseitig: Ohne den Zimtzucker können Sie die Plinsen auch wunderbar als Suppeneinlage verwenden.

Für ca. 20 Stück

Für den Hefeteig:
200 ml Milch
250 g Weizenmehl (Type 405)
15 g frische Hefe
40 g Zucker
2 Eier (Größe M)
50 g Speisequark (40 % Fett)
40 g zerlassene Butter
abgeriebene Schale von
½ Bio-Zitrone
feines Meersalz

Außerdem:
Öl zum Ausbacken
Zimtzucker zum Bestreuen
(siehe Tipp S. 106)

Zubereitung: ca. 30 Minuten
Ruhen: ca. 50 Minuten

Kaiserschmarren mit Zwetschgenröster

Für 4 Portionen

Für den Zwetschgenröster:
500 g Zwetschgen
100 g Gelierzucker 3:1
50 ml Zwetschgenwasser
1 Zimtstange • 1 Vanilleschote

Für den Kaiserschmarren:
10 Eier (Größe M) • 100 g Butter
250 g Weizenmehl (Type 405)
¼ l Milch • 100 g Zucker
2 EL Vanillezucker • feines Meersalz
abgeriebene Schale von
je ½ Bio-Zitrone und -Orange
50 g Rumrosinen (siehe S. 196)
50 g Mandelblättchen

Außerdem:
Puderzucker zum Bestäuben

Zubereitung: ca. 50 Minuten
Marinieren: ca. 8 Stunden

1. Für den Zwetschgenröster die Zwetschgen waschen, halbieren und entsteinen. Die Zwetschgenhälften mit Gelierzucker, Zwetschgenwasser, Zimtstange und Vanilleschote in einer Schüssel vermischen und zugedeckt etwa 8 Stunden, am besten über Nacht marinieren.

2. Den Backofen auf 160°C Umluft vorheizen. Die marinierten Zwetschgen mitsamt dem Einlegesud auf einem tiefen Backblech verteilen und im Ofen auf der mittleren Schiene 15 bis 17 Minuten weich schmoren.

3. Für den Kaiserschmarren die Eier trennen. Die Hälfte der Butter in einem Topf bei schwacher Hitze zerlassen. Das Mehl in eine Schüssel sieben und zunächst mit der Hälfte der Milch, der Hälfte des Zuckers und den Eigelben glatt rühren. Restliche Milch, Vanillezucker, 1 Prise Meersalz, Zitronen- sowie Orangenschale dazugeben und alles zu einem glatten Teig verrühren. Die zerlassene Butter und dann die Rumrosinen untermischen. Die Eiweiße mit dem restlichen Zucker und 1 Prise Meersalz zu steifem Schnee schlagen. Den Eischnee unter den Teig heben.

4. Die Mandelblättchen in einer großen Pfanne ohne Fett goldgelb rösten. Die restliche Butter zu den gerösteten Mandeln in die Pfanne geben, dann den Teig in die Pfanne geben.

5. Den Kaiserschmarren bei schwacher bis mittlerer Hitze auf der Unterseite 3 bis 4 Minuten goldbraun backen, dann wenden und auf der anderen Seite ebenfalls 3 bis 4 Minuten goldbraun backen. Den Schmarren mit zwei Pfannenwendern oder Holzspateln in Stücke reißen. Mit dem warmen Zwetschgenröster auf Teller verteilen, dabei die Zimtstange und die Vanilleschote entfernen. Mit Puderzucker bestäubt servieren.

Tipp

Für eine klassische Kaiserschmarren-Show schütten Sie ein Stamperl Schnaps in die Pfanne zum Kaiserschmarren, zünden den Schnaps an und verdunkeln den Raum – Tatatataaa!!!
Dieses Rezept stammt übrigens aus meiner „Weltenbummler-Zeit" und ich habe damit nur die besten Erfahrungen gemacht: Ob in Singapur, im Zillertal oder in New York, die Zutaten bekommt man dafür überall, und ausnahmslos alle sind nach dem ersten Bissen begeistert.

Zwetschgenbavesen

〜〜〜〜〜〜〜〜〜〜〜〜〜

**Für 1 Kastenform von 30 cm Länge
(15 Stücke)**

Für den Hefeteig:
¼ l Milch
540 g Weizenmehl (Type 405)
½ Würfel Hefe (21 g)
120 g Zucker
80 g weiche Butter
2 Eier (Größe M)
feines Meersalz
1 EL Rum

Für den Bierteig:
200 g Weizenmehl (Type 405)
feines Meersalz
¼ l dunkles Bier
2 Eier (Größe M)
30 g zerlassene Butter
20 g Zucker

Außerdem:
Mehl für die Arbeitsfläche
Fett und Mehl für die Form
ca. 400 g Pflaumenmus
Zimtzucker zum Wälzen
(siehe Tipp S. 106)
ca. 1½ l Öl oder Fett zum Frittieren

Zubereitung: ca. 1 Stunde
Ruhen: ca. 1 Stunde 20 Minuten
Auskühlen: über Nacht

1. Am Vortag für den Hefeteig die Milch in einem Topf lauwarm erhitzen. Das Mehl in eine große Schüssel sieben und eine Mulde hineindrücken. Die Hefe hineinbröckeln und mit 100 ml Milch, 1 EL Zucker und etwas Mehl vom Rand verrühren. Den Vorteig zugedeckt an einem warmen Ort etwa 20 Minuten gehen lassen.

2. Restliche Milch, restlichen Zucker, Butter, Eier, 1 gestrichenen TL Meersalz und Rum zum Vorteig geben. Alles zuerst mit den Knethaken des Handrührgeräts, dann auf der bemehlten Arbeitsfläche mit den Händen 5 bis 10 Minuten zu einem glatten, elastischen Teig verkneten, der sich gut von den Fingern löst. Bei Bedarf noch etwas Mehl unterkneten. Den Teig zugedeckt an einem warmen Ort nochmals etwa 30 Minuten gehen lassen.

3. Den Backofen auf 170°C Umluft vorheizen. Die Kastenform mit Butter einfetten und mit Mehl ausstäuben. Den Hefeteig auf der leicht bemehlten Arbeitsfläche nochmals kurz durchkneten, in die Kastenform legen und zugedeckt an einem warmen Ort weitere 30 Minuten gehen lassen. Dann im Ofen auf der mittleren Schiene 35 bis 40 Minuten backen. Herausnehmen und in der Form lauwarm abkühlen lassen. Aus der Form lösen und auf einem Kuchengitter über Nacht auskühlen lassen.

4. Den Hefekuchen in etwa 3 cm dicke Scheiben schneiden. Die Scheiben dick mit Pflaumenmus bestreichen. Je 2 Scheiben mit den bestrichenen Seiten aneinanderdrücken. Die gefüllten Schnitten einmal in der Mitte durchschneiden.

5. Für den Bierteig das Mehl sieben und mit 1 Prise Meersalz sowie dem Bier zu einem dickflüssigen Teig verrühren. Die Eier trennen. Die Eigelbe mit der Butter unter den Teig rühren. Die Eiweiße mit dem Zucker zu steifem Schnee schlagen. Den Eischnee unter den Teig ziehen.

6. Den Zimtzucker auf einen Teller geben. Reichlich Öl oder Fett zum Frittieren in der Fritteuse oder einem großen Topf erhitzen. Es ist heiß genug (ca. 155°C), wenn sich an einem hineingehaltenen Holzlöffelstiel Blasen bilden.

7. Die gefüllten Kuchenstücke nacheinander portionsweise mithilfe einer Gabel durch den Bierteig ziehen und im Öl je 4 bis 6 Minuten rundum goldgelb frittieren. Mit einem Schaumlöffel aus dem Topf heben und auf Küchenpapier kurz abtropfen lassen. Dann in Zimtzucker wälzen und auf einem Kuchengitter leicht abkühlen lassen. Lauwarm servieren.

〜〜〜〜〜〜 *Tipp* 〜〜〜〜〜〜

Wenn es mal schnell gehen muss und ich Lust auf die Bavesen habe, verwende ich statt des selbst gebackenen Hefekuchens einfach Buttertoastscheiben. ✑

Kürbis-Haselnuss-Kuchen

1. Den Backofen auf 170°C Umluft vorheizen. Die Form mit Butter einfetten und mit Mehl ausstäuben. Den Kürbis und die Zucchini auf der Gemüsereibe fein raspeln. Die Zitrone und die Orange heiß waschen, trocken reiben und die Schalen fein direkt auf die Gemüseraspel reiben.

2. Die Eier trennen. Die Eigelbe mit 150 g Zucker und dem Muscovadozucker in einer Schüssel mit den Quirlen des Handrührgeräts oder in der Küchenmaschine schaumig schlagen. Die Eiweiße mit 1 Prise Meersalz zu steifem Schnee schlagen, dabei den restlichen Zucker einrieseln lassen. Zum Schluss den Zitronensaft unterrühren.

3. Das Mehl mit dem Backpulver mischen und auf die Haselnüsse sieben. Den Zimt hinzufügen und alles locker mischen. Die Mehlmischung auf den Eigelb-Zucker-Schaum geben, den Eischnee daraufsetzen und alles nur so lange unterrühren, bis sich alle Zutaten gut vermischt haben.

4. Den Teig in die Form füllen und im Ofen auf der mittleren Schiene 30 bis 35 Minuten goldgelb backen. Aus dem Ofen nehmen und den Kuchen in der Form lauwarm abkühlen lassen. Dann aus der Form lösen und auf einem Kuchengitter vollständig abkühlen lassen.

Für 1 Kranzform von 26 cm Ø
(12 Stücke)
Butter und Mehl für die Form
200 g Hokkaidokürbis-Fruchtfleisch
50 g Zucchini
je 1 Bio-Zitrone und -Orange
5 Eier (Größe M)
200 g Zucker
50 g dunkler Muscovadozucker
(Rohrzucker mit Karamellnote)
feines Meersalz
5 EL Zitronensaft
100 g Weizenmehl (Type 405)
1 Päckchen Backpulver
250 g gemahlene Haselnüsse
½ TL Zimtpulver

Zubereitung: ca. 20 Minuten
Backen: 30–35 Minuten

Gelingt leicht
auch für Anfänger geeignet

Schwarzbrotkuchen mit beschwipster Sahne

~~~~~~

**Für 4–6 ofenfeste Gläser
à ca. 200 ml Inhalt**

Für die Schwarzbrotkuchen:
100 g Schwarzbrot oder dunkles
Bauernbrot
100 g geröstete Haselnusskerne
(siehe S.195)
100 g Zartbitterkuvertüre
20 g Kakaopulver
1 Msp. Zimtpulver
4 Eier (Größe M)
100 g weiche Butter
75 g Zucker
feines Meersalz
ca. 100 g Zartbitterkuvertüre
(nach Belieben)

Für die beschwipste Sahne:
200 g Sahne
50 g Puderzucker
Mark von ½ Vanilleschote
50 ml Kirschwasser

Außerdem:
Butter und Mehl für die Gläser

**Zubereitung: ca. 35 Minuten
Backen: 15–20 Minuten**

1. Für die Schwarzbrotkuchen die Gläser (oder andere ofenfeste Formen) mit Butter einfetten und mit Mehl ausstäuben. Ein tiefes Backblech mit Küchenrolle auslegen und mit etwas Wasser bedecken. Das Brot und die Haselnüsse fein mahlen. Die Kuvertüre hacken und mit Brot, Nüssen, Kakao- und Zimtpulver mischen.

2. Die Eier trennen. Die Butter mit 50 g Zucker und den Eigelben schaumig rühren. Die Eiweiße mit dem restlichen Zucker und 1 Prise Meersalz zu steifem Schnee schlagen. Den Eischnee abwechselnd mit der Schwarzbrot-Mischung unter die Buttermasse ziehen.

3. Die Brotmasse in die Gläser verteilen, sodass diese maximal zu zwei Dritteln gefüllt sind. Die Gläser auf das Blech stellen und den Schwarzbrotkuchen im Ofen auf der mittleren Schiene 15 bis 20 Minuten backen.

4. Kurz vor Ende der Backzeit für die beschwipste Sahne die Sahne mit dem Puderzucker und dem Vanillemark steif schlagen. Das Kirschwasser unterrühren. Die Sahne auf dem noch warmen Schwarzbrotkuchen verteilen. Sofort servieren.

~~~~~~~~~~~~~~~~~~~~~~~~~~~~~~~ *Tipp* ~~~~~~~~~~~~~~~~~~~~~~~~~~~~~~~

Fein dazu schmeckt Vanillesauce: Dafür 5 Eigelb mit 130 g Zucker in einer Metallschüssel verrühren. ¼ l Milch, 250 g Sahne und das Mark von 1 Vanilleschote in einem Topf aufkochen. Die kochende Mischung unter Rühren in die Eigelbmischung geben und alles unter ständigem Rühren über dem heißen Wasserbad auf 80 °C (Thermometer!) erhitzen. Die Vanillesauce durch ein feines Sieb streichen und noch warm oder abgekühlt zu den kleinen Schwarzbrotkuchen servieren.

*Falls Kinder mitessen, tauschen Sie
die beschwipste Sahne durch normale Sahne,
eventuell mit Vanille aromatisiert, aus.*

Spitzendeckchen-Crêpes

Für ca. 20 Stück

Für den Teig:
90 g Butter
260 g Weizenmehl
375 ml Milch
50 g Puderzucker
4 Eier (Größe M)

Außerdem:
weiche Butter für die Pfanne
Puderzucker zum Bestäuben

Zubereitung: ca. 30 Minuten

1. Für den Teig die Butter in einem Topf bei schwacher Hitze zerlassen. Das Mehl in eine Schüssel sieben und mit ¼ l Milch glatt rühren.

2. Den Puderzucker, die Eier sowie die restliche Milch gut unter die Mehl-Milch-Mischung rühren. Die zerlassene Butter in dünnem Strahl unter Rühren hinzufügen und alles zu einem glatten Teig verrühren. Den Teig in einen Gefrierbeutel füllen und diesen verschließen.

3. Eine Pfanne erhitzen und mit wenig Butter leicht auspinseln. Vom Gefrierbeutel mit der Schere am unteren Ende eine kleine Ecke abschneiden, sodass ein Loch von 2 bis 3 mm Durchmesser entsteht. Aus dem Teig nach und nach Spitzendeckchen-Crêpes backen. Dafür jeweils etwas Teig in Form verschiedener Ornamente in die Pfanne spritzen, sodass eine Art Spitzendeckchen von etwa 20 cm Durchmesser entsteht. Die Crêpe bei schwacher Hitze auf der Unterseite etwa 2 Minuten gold-gelb backen, dann wenden und auf der anderen Seite noch kurz backen lassen. Auf einen Teller legen und mit Puderzucker bestäuben.

Tipp

Die Spitzendeckchen-Crêpes können auch mit frischen Früchten gefüllt und aufge-rollt werden. Das sieht toll aus und ist eine außergewöhnliche Variante auf dem Kuchentisch oder begeistert als Dessert! Wer keine Zeit hat, Spitzendeckchen aus Crêpesteig zu dressieren, backt normale Crêpes und bestreicht diese mit Konfitüre. Sie können auch eine Crêpestorte bauen: Dafür die Crêpes aufeinanderschichten und jeweils dazwischen mit Nugatcreme bestreichen.

Eyecatcher

macht ordentlich Eindruck

Rohrnudeln mit Zwetschgen

〜〜〜〜〜〜〜〜〜〜〜〜〜〜〜〜〜〜〜〜〜〜〜

1. Für den Hefeteig die Milch lauwarm erhitzen. Das Mehl in eine Schüssel sieben und in die Mitte eine Mulde drücken. Die Hefe hineinbröckeln und mit der Milch, 1 TL Zucker sowie etwas Mehl vom Rand verrühren. Den Vorteig zugedeckt an einem warmen Ort etwa 20 Minuten gehen lassen, bis sich Risse an der Oberfläche bilden.

2. Restlichen Zucker, Butter, 1 gestrichenen TL Meersalz, Zitronenschale und Ei zum Vorteig geben und alles 5 bis 10 Minuten zu einem glatten, elastischen Teig verkneten, der sich vom Schüsselrand löst. Den Teig zugedeckt an einem warmen Ort etwa 30 Minuten gehen lassen, bis sich sein Volumen nahezu verdoppelt hat.

3. Für die Füllung die Zwetschgen waschen, längs bis zur Hälfte einschneiden und entsteinen. Die Schokolade in 9 Stücke schneiden. Jede Zwetschge mit 1 Stück Schokolade füllen.

4. Eine große ofenfeste Form gut mit Butter einfetten. Den Teig auf der leicht bemehlten Arbeitsfläche zu einer etwa 30 × 30 cm großen Platte ausrollen und in 9 gleich große Quadrate schneiden. Auf jedes Teigstück jeweils mittig eine gefüllte Zwetschge legen, die Teigränder darüber zusammenfassen und zu einer Kugel verschließen.

5. Die Teigkugeln nebeneinander in die Form legen und zugedeckt an einem warmen Ort 30 bis 45 Minuten gehen lassen, bis sich das Volumen deutlich vergrößert hat. Den Backofen auf 170°C Umluft vorheizen.

6. Die Rohrnudeln im Ofen auf der mittleren Schiene 40 bis 45 Minuten goldgelb backen. Aus dem Ofen nehmen und sofort aus der Form stürzen. Die Rohrnudeln dick mit Zimtzucker bestreuen und heiß servieren.

Für 9 Stück

Für den Hefeteig:
¼ l Milch
500 g Weizenmehl (Type 405)
½ Würfel Hefe (21 g)
100 g Zucker
80 g weiche Butter
feines Meersalz
abgeriebene Schale von
1 Bio-Zitrone
1 Ei (Größe M)

Für die Füllung:
9 Zwetschgen
ca. 100 g Zartbitterkuvertüre

Außerdem:
Butter für die Form
Mehl für die Arbeitsfläche
Zimtzucker zum Bestreuen

Zubereitung: ca. 40 Minuten
Ruhen: ca. 1 Stunde 35 Minuten
Backen: 40–45 Minuten

Kirsch-Schokoladen-Pudding

~~~~~~~~~~~~~~~~~~~~~~~~~~~~~~~~~

Für 4 ofenfeste Gläser
à 220 ml Inhalt

100 g Sauerkirschen
130 g Zartbitterkuvertüre
5 Eier (Größe M)
80 g weiche Butter
90 g Zucker
100 g geröstete Haselnusskerne
(siehe S. 195)
30 g Biskuitbrösel (z.B. von
Löffelbiskuits oder siehe S. 14/15
Grundrezept Biskuit)
3 cl Kirschwasser
1 Msp. Zimtpulver
Meersalz
Butter und Mehl für die Gläser

Zubereitung: ca. 30 Minuten
Backen: 25–30 Minuten

1. Für den Pudding die Kirschen waschen, entstielen und mit einem Kirschentkerner entsteinen oder die Früchte halbieren und entsteinen. Die Kirschen mit Küchenpapier gut trocken tupfen. 100 g Kuvertüre klein hacken und in einer Metallschüssel über dem heißen Wasserbad unter Rühren schmelzen.

2. Die Eier trennen. Die Butter mit 40 g Zucker und den Eigelben in einer Schüssel mit den Quirlen des Handrührgeräts schaumig schlagen. Die flüssige Kuvertüre langsam unter Rühren dazugießen.

3. Die restliche Kuvertüre grob hacken und mit Kirschen, Haselnüssen, Biskuitbröseln, Kirschwasser sowie Zimt vermischen.

4. Die Eiweiße mit dem restlichen Zucker und 1 Prise Meersalz zu steifem Schnee schlagen. Den Eischnee abwechselnd mit der Kirsch-Haselnuss-Mischung unter die Buttermasse ziehen.

5. Den Backofen auf 175 °C Umluft vorheizen. Ein tiefes Backblech mit Küchenpapier auslegen und mit etwas Wasser bedecken. Die Gläser (oder andere ofenfeste Formen) mit Butter einfetten und mit Mehl ausstäuben. Die Puddingmasse in die Gläser füllen, auf das Blech stellen und im Ofen auf der mittleren Schiene 25 bis 30 Minuten backen.

~~~~~~~~~~~~~~~~~~~~~ *Tipp* ~~~~~~~~~~~~~~~~~~~~~

Nach Belieben können Sie den Kirsch-Schokoladen-Pudding noch mit geschmolzener Kuvertüre beträufeln.

Liebesbärchen

Für ca. 30 Stück

Für den Mürbeteig:
290 g Weizenmehl (Type 405)
210 g weiche Butter
110 g Puderzucker
abgeriebene Schale von
½ Bio-Zitrone
2 Eigelb (Größe M)

Außerdem:
Mehl für die Arbeitsfläche
Bärchen-Ausstecher
1 Eiweiß zum Bestreichen
Nusskerne nach Belieben
(z.B. Pekannüsse, Cashewkerne,
Walnüsse)

Zubereitung: ca. 15 Minuten
Kühlen: mind. 30 Minuten
Backen: ca. 10 Minuten

1. Den Backofen auf 165°C Umluft vorheizen. Ein Backblech mit Backpapier auslegen.

2. Das Mehl in eine Schüssel sieben. Butter, Zucker, Zitronenschale sowie Eigelbe hinzufügen und alles rasch zu einem glatten Teig verkneten. Den Teig zu einer Kugel formen, diese etwas flach drücken und in Frischhaltefolie gewickelt mindestens 30 Minuten kühl stellen.

3. Den Mürbeteig auf der leicht bemehlten Arbeitsfläche etwa 4 mm dünn ausrollen und Bärchen ausstechen.

4. Die Bärchen auf das Blech legen. Das Eiweiß leicht verquirlen und die Bärchen vorsichtig mithilfe eines Pinsels damit bestreichen. Dann den Bärchen jeweils einen Nusskern zwischen die Hände setzen, dabei nach Belieben die Teig-Arme über die Nuss klappen.

5. Die Bärchen im Ofen auf der mittleren Schiene etwa 10 Minuten goldgelb backen. Mit einem Pfannenwender vom Blech nehmen und auf einem Kuchengitter abkühlen lassen.

Tipp

Falls Sie keine Bärchen-Ausstechform zur Hand haben, können Sie natürlich auch andere Keksformen ausstechen.

Gute-Laune-Kekse

ideal als Mitbringsel für
jeden Anlass –
Lächeln garantiert!

Winterspeck

Gewürzkuchen mit flüssigem Cashewbutter-Kern

Für 4 Tassen à ca. 200 ml Inhalt
200 g Zartbitterkuvertüre
100 g Butter
Butter und Mehl für die Tassen
2 Eier (Größe M)
2 Eigelb (Größe M)
110 g Zucker
2 EL Vanillezucker
je 1 Msp. Zimt-, Kardamom- und
Ingwerpulver
feines Meersalz
40 g Weizenmehl (Type 405)
4 TL Cashewbutter
(aus dem Bioladen)

Zubereitung: ca. 10 Minuten
Backen: 7–8 Minuten

1. Die Kuvertüre hacken und mit der Butter in einer Metallschüssel über dem heißen Wasserbad unter Rühren schmelzen. Den Backofen auf 210 °C Umluft vorheizen. Die Tassen mit Butter einfetten und mit Mehl ausstäuben.

2. Die Eier mit den Eigelben, dem Zucker, dem Vanillezucker, dem Zimt-, Kardamom- und Ingwerpulver sowie 1 große Prise Meersalz in einer Schüssel mit dem Schneebesen leicht verquirlen. Das Mehl sieben und abwechselnd mit der Kuvertüre-Butter-Mischung unter die Eiermasse rühren.

3. Die Hälfte des Teigs in die Tassen verteilen, jeweils 1 TL Cashewbutter in die Mitte geben und mit dem restlichen Teig bedecken. Die Gewürzkuchen im Ofen auf der mittleren Schiene 7 bis 8 Minuten backen.

4. Die Gewürzkuchen aus dem Ofen nehmen und etwa 5 Minuten in den Tassen abkühlen lassen. Vorsichtig auf Teller stürzen und noch warm servieren.

Tipp

Anstelle von Cashewbutter nehme ich auch zur Abwechslung gern mal ungesalzene Erdnussbutter oder Macadamiacreme.

Lava-like

schokoladig
mit einem flüssigen
Kern

Orangenmakronen mit Schokolade

Für ca. 30 Stück
30 g fein gewürfeltes Orangeat
65 g gemahlene Mandeln
120 g Zucker
40 g Speisestärke
abgeriebene Schale von
1 Bio-Orange
4 Eiweiß (Größe M)
ca. 30 Backoblaten (à 4 cm Ø)
ca. 150 g Zartbitterkuvertüre

Zubereitung: ca. 30 Minuten
Backen: 12–14 Minuten

1. Den Backofen auf 160 °C Umluft vorheizen. Ein Backblech mit Backpapier auslegen. Das Orangeat mit einem großen Messer noch etwas kleiner hacken. Die Mandeln mit 100 g Zucker, Stärke, Orangenschale und Orangeat mischen. Die Eiweiße mit dem restlichen Zucker zu steifem Schnee schlagen. Den Eischnee unter die Mandelmischung rühren.

2. Jeweils 1 gehäuften TL von der Makronenmasse abnehmen, als Häufchen auf 1 Oblate setzen und etwas glatt streichen. Die Makronen auf das Backblech setzen und im Ofen auf der mittleren Schiene 12 bis 14 Minuten backen. Vom Blech nehmen und auf einem Kuchengitter abkühlen lassen.

3. Die Kuvertüre hacken und in einer Metallschüssel über dem heißen Wasserbad unter Rühren schmelzen. Die Orangenmakronen mithilfe eines Pinsels mit Kuvertüre bestreichen und auf dem Gitter abtropfen und trocknen lassen.

Kürbiskern-Zitronen-Makronen

Für 20–25 Stück
200 g Kürbiskerne
150 g Zucker
abgeriebene Schale von
1 Bio-Zitrone
2 EL Zitronensaft
50 g Eiweiß (von ca. 2 Eiern;
Größe S)
20–25 Backoblaten (à 4 cm Ø)

Zubereitung: ca. 20 Minuten
Backen: 12–14 Minuten

1. Den Backofen auf 160 °C Umluft vorheizen. Ein Backblech mit Backpapier auslegen. Die Kürbiskerne fein mahlen und mit 130 g Zucker und der Zitronenschale mischen.

2. Die Eiweiße mit dem restlichen Zucker und dem Zitronensaft zu steifem Schnee schlagen. Die Kürbiskernmischung vorsichtig unter den Eischnee heben.

3. Jeweils 1 gehäuften TL von der Makronenmasse abnehmen, als Häufchen auf 1 Oblate setzen und etwas glatt streichen. Die Makronen auf das Backblech setzen und im Ofen auf der mittleren Schiene 12 bis 14 Minuten backen.

Omas Elisenlebkuchen

1. Für die Lebkuchen die Mandeln und die Haselnüsse fein mahlen und mit Stärke, Backpulver, Nelken- und Zimtpulver mischen. Die Eier mit dem Zucker und dem Vanillezucker in einer Schüssel mit den Quirlen des Handrührgeräts schaumig schlagen. Stärkemischung, Orangenschale, Rumaroma und Orangeat unter die Eierschaummasse rühren.

2. Den Backofen auf 155°C Ober-/Unterhitze vorheizen. Drei Backbleche mit Backpapier auslegen. Auf jede Oblate etwa 1 EL Lebkuchenmasse setzen und kuppelartig darauf verstreichen, dafür eine Palette oder ein breites Messer immer wieder in Wasser tauchen. Die bestrichenen Oblaten auf die Bleche setzen.

3. Die Lebkuchen im Ofen auf der mittleren Schiene blechweise nacheinander je 30 bis 35 Minuten goldgelb backen. Fertig gebackene Lebkuchen vom Blech nehmen und auf einem Kuchengitter abkühlen lassen.

4. Für die Deko die Schokoladenglasur nach Packungsangabe schmelzen. Die Elisenlebkuchen dünn mit der Schokoladenglasur bestreichen und mit Mandelsplittern oder bunten Zuckerperlen bestreuen. Die Glasur fest werden lassen. Die Lebkuchen in einer luftdicht verschließbaren Dose aufbewahren.

Für ca. 40 Stück

Für die Lebkuchen:
125 g Mandeln
125 g Haselnusskerne
15 g Speisestärke
1 Msp. Backpulver
1 Msp. Nelkenpulver
2 Msp. Zimtpulver
3 Eier (Größe M)
200 g brauner Zucker
2 EL Vanillezucker
abgeriebene Schale von
½ Bio-Orange
½ Fläschchen Rumaroma
75 g Orangeat
ca. 40 Oblaten (à 6 cm Ø)

Für die Deko:
ca. 200 g Schokoladenglasur
(nach Belieben hell oder dunkel)
Mandelsplitter oder
bunte Zuckerperlen

Zubereitung: ca. 40 Minuten
Backen: 3 × 30–35 Minuten

Klassiker
darf im Advent
nicht fehlen

Spekulatius

Für ca. 30 Stück

100 g weiche Butter
180 g Zucker
2 Eier (Größe M)
½ TL Zimtpulver
1 Msp. Nelkenpulver
1 Msp. Kardamompulver
1 Msp. Ingwerpulver
1 Msp. gemahlene Muskatblüte (Macis)
einige Tropfen Bittermandelöl
feines Meersalz
250 g Weizenmehl (Type 405)
½ Päckchen Backpulver
125 g gemahlene Mandeln
Mehl für die Arbeitsfläche
Ausstecher oder Spekulatius-holzformen

Zubereitung: ca. 40 Minuten
Ruhen: über Nacht
Backen: 12–14 Minuten

1. Am Vortag die Butter mit dem Zucker und den Eier in einer Schüssel mit den Quirlen des Handrührgeräts schaumig rühren. Zimt-, Nelken-, Kardamom- und Ingwerpulver, Macis, Bittermandelöl sowie 1 Prise Meersalz unterrühren. Das Mehl mit dem Backpulver mischen und sieben, dann die Mandeln untermengen. Die Mehlmischung mit den Händen unter die Buttermasse kneten. Den Teig zugedeckt an einem kühlen Ort über Nacht ruhen lassen.

2. Am nächsten Tag den Backofen auf 175°C Umluft vorheizen. Ein Backblech mit Backpapier auslegen. Den Teig noch mal kurz durchkneten und auf der bemehlten Arbeitsfläche 3 bis 4 mm dünn ausrollen. Plätzchen ausstechen und mit einem Stempel Ornamente hineindrücken. Den Stempel eventuell zuvor noch in Kakaopulver drücken. Oder den Teig in bemehlte Spekulatiusformen drücken.

3. Die Spekulatius auf das Blech legen und im Ofen auf der mittleren Schiene 12 bis 14 Minuten goldgelb und knusprig backen. Vom Blech heben und auf einem Kuchengitter abkühlen lassen.

Tipp

Ihre klassische Form erhalten Spekulatius, indem man den Teig vor dem Backen in sogenannte Model (spezielle Holzformen) drückt. Wer keine Model zur Hand hat, kann – wie ich für dieses Foto – den Teig auch mit Plätzchenausstechern ausstechen und mit (Omas) Kristallgläsern Muster hineindrücken.

Ungewöhnlicher Einsatz

Omas Gläser in neuem Licht

Toller Hingucker: Vor dem Backen
mit einem Ornamentstempel
Ornamente in die Spekulatius drücken.
Den Stempel können Sie davor
eventuell in Kakaopulver drücken.

Vanillekipferl

Für ca. 30 Stück

200 g Weizenmehl (Type 405)
100 g gemahlene Mandeln
150 g weiche Butter
80 g Zucker
2 EL Vanillezucker
3 Eigelb (Größe M)
Mehl für die Arbeitsfläche
Vanillezucker zum Bestreuen

Zubereitung: ca. 20 Minuten
Backen: 10–12 Minuten

1. Den Backofen auf 170°C Umluft vorheizen. Ein Backblech mit Backpapier auslegen. Das Mehl sieben und mit den Mandeln mischen.

2. Die Butter mit Zucker, Vanillezucker und Eigelben in einer Schüssel mit den Knethaken des Handrührgeräts verkneten. Die Mehlmischung unter die Buttermasse kneten, bis ein glatter Teig entstanden ist.

3. Den Teig sofort zu Kipferln verarbeiten. Dafür den Teig in mehrere Portionen teilen und jede Portion auf der leicht bemehlten Arbeitsfläche zu einem 1 bis 2 cm dicken Teigstrang formen. Die Teigstücke in etwa 4 cm lange Stücke schneiden, zu Kipferln formen und auf das Backpapier legen. Im Ofen auf der mittleren Schiene 10 bis 12 Minuten goldgelb backen.

4. Die Kipferl noch heiß dick mit Vanillezucker bestreuen und auf einem Kuchengitter abkühlen lassen.

Tipp

Im Gegensatz zu vielen anderen Vanillekipferl-Rezepten wird mein Teig sofort nach der Zubereitung weiterverarbeitet und nicht gekühlt. Dadurch ist er schön elastisch, lässt sich gut verarbeiten und die Kipferl reißen nicht auf.

Klassisches Spritzgebäck

1. Für den Teig die Butter mit dem Zucker und dem Vanillemark in einer Schüssel mit den Quirlen des Handrührgeräts cremig schlagen. Die Eier nacheinander unterrühren und alles mindestens 2 Minuten weiterschlagen. Das Mehl mit den Mandeln mischen. Die Mehlmischung zur Buttermasse geben und alles zu einem geschmeidigen Teig verrühren.

2. Zwei Backbleche mit Backpapier auslegen. Den Teig portionsweise in den Spritzbeutel mit Sterntülle füllen und mit 2 cm Abstand zueinander beliebige Formen aufspritzen, z.B. Stangen, S-Formen oder Kränze.

3. Falls möglich, die Teigformen auf dem Blech 30 Minuten in den Kühlschrank stellen, damit die Konturen des Gebäcks beim Backen nicht verlaufen.

4. Den Backofen auf 175 °C Ober-/Unterhitze vorheizen. Das Spritzgebäck im Ofen auf der mittleren Schiene blechweise nacheinander je 10 bis 12 Minuten hell backen. Vom Blech heben und auf einem Kuchengitter abkühlen lassen.

Tipp

Wer mag, kann das Spritzgebäck nach dem Backen mit flüssiger Kuvertüre (siehe S. 196) verzieren oder zur Hälfte in Kuvertüre tauchen. Anschließend auf einem Kuchengitter trocknen lassen.

Für ca. 40 Stück
150 g weiche Butter
100 g Zucker
Mark von ½ Vanilleschote
2 Eier (Größe L)
300 g Weizenmehl (Type 405)
75 g gemahlene Mandeln
Spritzbeutel mit großer Sterntülle

Zubereitung: ca. 20 Minuten
Kühlen: ca. 30 Minuten
Backen: 2 × ca. 12 Minuten

Kleinkunst
für kreative Plätzchenbäcker

Schnelle Orangen-Knusper-Florentiner

Für ca. 20 Stück

30 g Weizenmehl (Type 405)
60 ml Orangensaft
100 g Zucker
1 EL Honig
abgeriebene Schale von
1 Bio-Orange
50 g Butter
100 g Mandelblättchen

Zubereitung: ca. 20 Minuten
Backen: 8–10 Minuten

1. Das Mehl sieben. Den Orangensaft mit dem Zucker und dem Honig in einem Topf zum Kochen bringen. Die Orangenschale, die Butter und das Mehl unterrühren. Die Masse 2 Minuten köcheln lassen, dann die Mandelblättchen untermischen. Die Mandelmasse in eine Schüssel umfüllen und leicht abkühlen lassen.

2. Den Backofen auf 170°C Umluft vorheizen. Ein Backblech mit Backpapier belegen. Aus der Mandelmasse mithilfe eines Esslöffels Nocken abstechen und mit mindestens 8 cm Abstand auf das Blech setzen. Die Nocken mit angefeuchteten Fingern etwas flach drücken.

3. Die Florentiner im Ofen auf der mittleren Schiene 8 bis 10 Minuten goldbraun und knusprig backen. Vom Backblech nehmen und auf einem Kuchengitter abkühlen lassen.

Tipp

Zusätzliche Veredelung: Zartbitterkuvertüre schmelzen und die Florentiner auf der Unterseite damit bestreichen. Auf einem Kuchengitter trocknen lassen.

Gelingt leicht

auch für Anfänger geeignet

Haselnuss-Nugat-Cookies

Für ca. 24 Stück

80 g Nussnugatmasse
200 g geröstete Haselnusskerne
(siehe Tipp S. 195)
100 g Zartbitterkuvertüre
175 g weiche Butter
feines Meersalz
150 g Rohrohrzucker
3 EL Agavendicksaft (Agavensirup;
siehe Tipp)
2 Eier (Größe M)
100 g Weizenmehl (Type 405)
1 gestr. TL Backpulver
20 g Kakaopulver

Zubereitung: ca. 30 Minuten
Gefrieren und Kühlen:
ca. 2 Stunden
Backen: 2 × 8–10 Minuten

1. Die Nugatmasse in Würfel mit etwa 1 cm Kantenlänge schneiden und die Würfel im Tiefkühlfach mindestens 1 Stunde anfrieren lassen. Die Hälfte der Haselnüsse fein mahlen, die restlichen Haselnüsse grob hacken. Die Kuvertüre klein hacken.

2. Die Butter mit 1 Prise Meersalz, Zucker und Agavendicksaft in einer Schüssel mit den Quirlen des Handrührgeräts schaumig schlagen. Die Eier hinzufügen und 2 Minuten weiterschlagen.

3. Das Mehl mit dem Back- sowie dem Kakaopulver mischen und sieben. Alle Haselnüsse und die Kuvertüre untermengen. Die Mehlmischung unter die Buttermasse rühren. Die gekühlten Nugatwürfel vorsichtig, aber gleichmäßig unter den Teig kneten.

4. Die Masse zu etwa 20 cm langen Rollen formen und diese in Frischhaltefolie gewickelt 1 Stunde kühl stellen oder in das Tiefkühlfach legen.

5. Den Backofen auf 170 °C Ober-/Unterhitze vorheizen. Zwei Backbleche mit Backpapier auslegen.

6. Die Teigrollen in 24 etwa 6 mm dicke Scheiben schneiden. Die Teigscheiben mit etwa 4 cm Abstand zueinander auf die Bleche legen. Die Cookies im Ofen auf der mittleren Schiene blechweise nacheinander 8 bis 10 Minuten backen. Herausnehmen und auf dem Blech lauwarm abkühlen lassen. Dann auf ein Kuchengitter heben und vollständig abkühlen lassen.

Tipp

Agavendicksaft oder Agavensirup wird aus der Agave, einer Kakteenart, gewonnen. Der Sirup schmeckt mildsüß und eignet sich als Ersatz für raffinierten Zucker zum Süßen von Backwaren, Cremes, Eis, Fruchtzubereitungen und vielem mehr.

Kokoscookies

1. Die Butter mit 1 großen Prise Meersalz, beiden Zuckersorten, Limettenschale und -saft in einer Schüssel mit den Quirlen des Handrührgeräts schaumig schlagen. Das Ei hinzufügen und 2 Minuten weiterschlagen.

2. Die Kuvertüre hacken. Das Mehl mit dem Backpulver sowie dem Natron mischen und sieben. Kokosraspel, Mandeln und Kuvertüre untermischen. Die Mehlmischung unter die Buttermasse rühren und alles noch kurz mit den Händen verkneten.

3. Die Masse zu etwa 20 cm langen Rollen formen und diese in Frischhaltefolie gewickelt 1 Stunde kühl stellen oder in das Tiefkühlfach legen.

4. Den Backofen auf 170°C Ober-/Unterhitze vorheizen. Zwei Backbleche mit Backpapier auslegen.

5. Die Teigrollen in 20 etwa 1 cm dicke Scheiben schneiden. Die Teigscheiben mit etwa 4 cm Abstand zueinander auf die Bleche legen. Die Cookies im Ofen auf der mittleren Schiene blechweise nacheinander 8 bis 10 Minuten goldgelb backen. Herausnehmen und auf dem Blech lauwarm abkühlen lassen. Dann auf ein Kuchengitter heben und vollständig abkühlen lassen.

Tipp

Wenn Sie größere Cookies backen, können Sie eine Kugel Eis zwischen 2 Cookies packen und ein „cooles" Eissandwich zaubern.

Für ca. 20 Stück
125 g weiche Butter
feines Meersalz
125 g Rohrohrzucker
30 g Zucker
abgeriebene Schale von
1 Bio-Limette
2 EL Limettensaft
1 Ei (Größe M)
70 g weiße Kuvertüre
150 g Weizenmehl (Type 405)
½ TL Backpulver
½ TL Natron
100 g Kokosraspel
40 g Mandelblättchen

Zubereitung: ca. 15 Minuten
Kühlen: ca. 1 Stunde
Backen: 2 × 8–10 Minuten

Umwerfend lecker

am besten frisch genießen

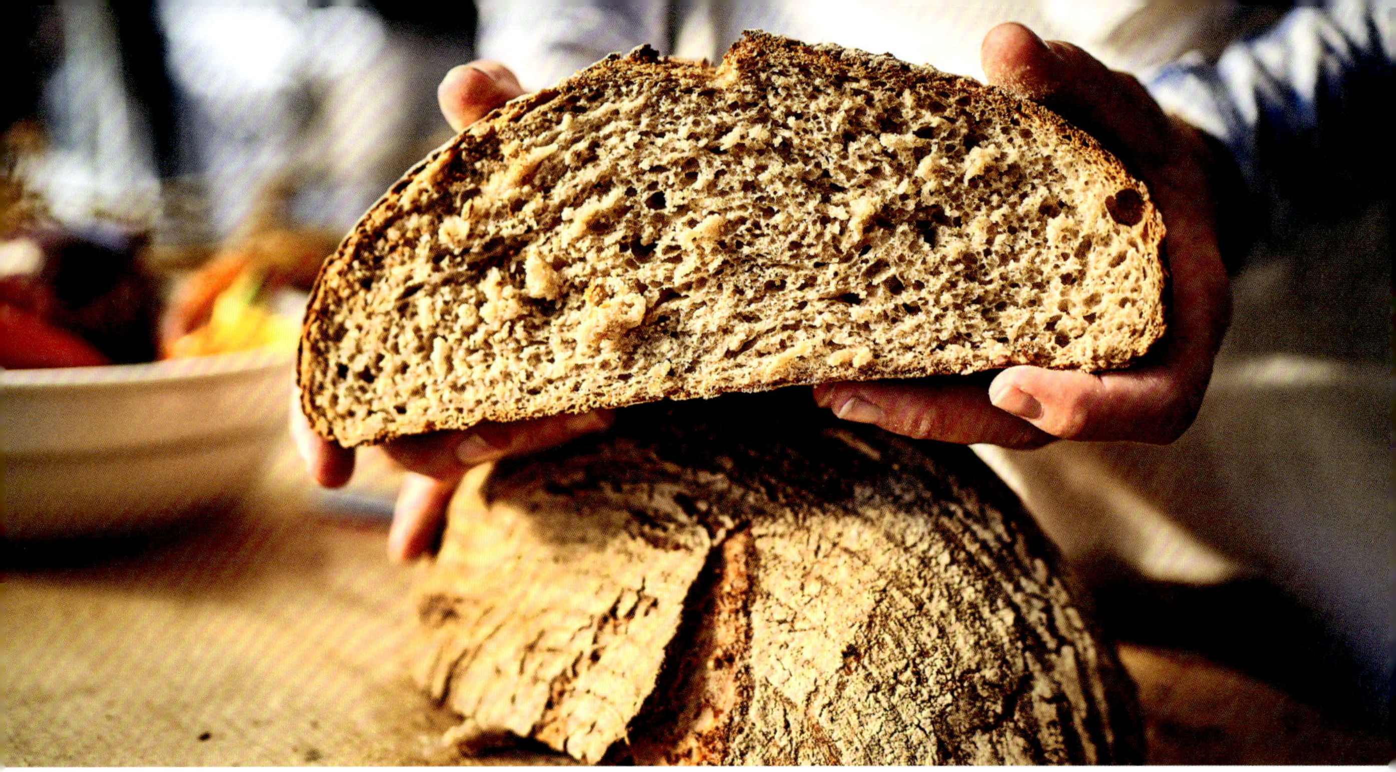

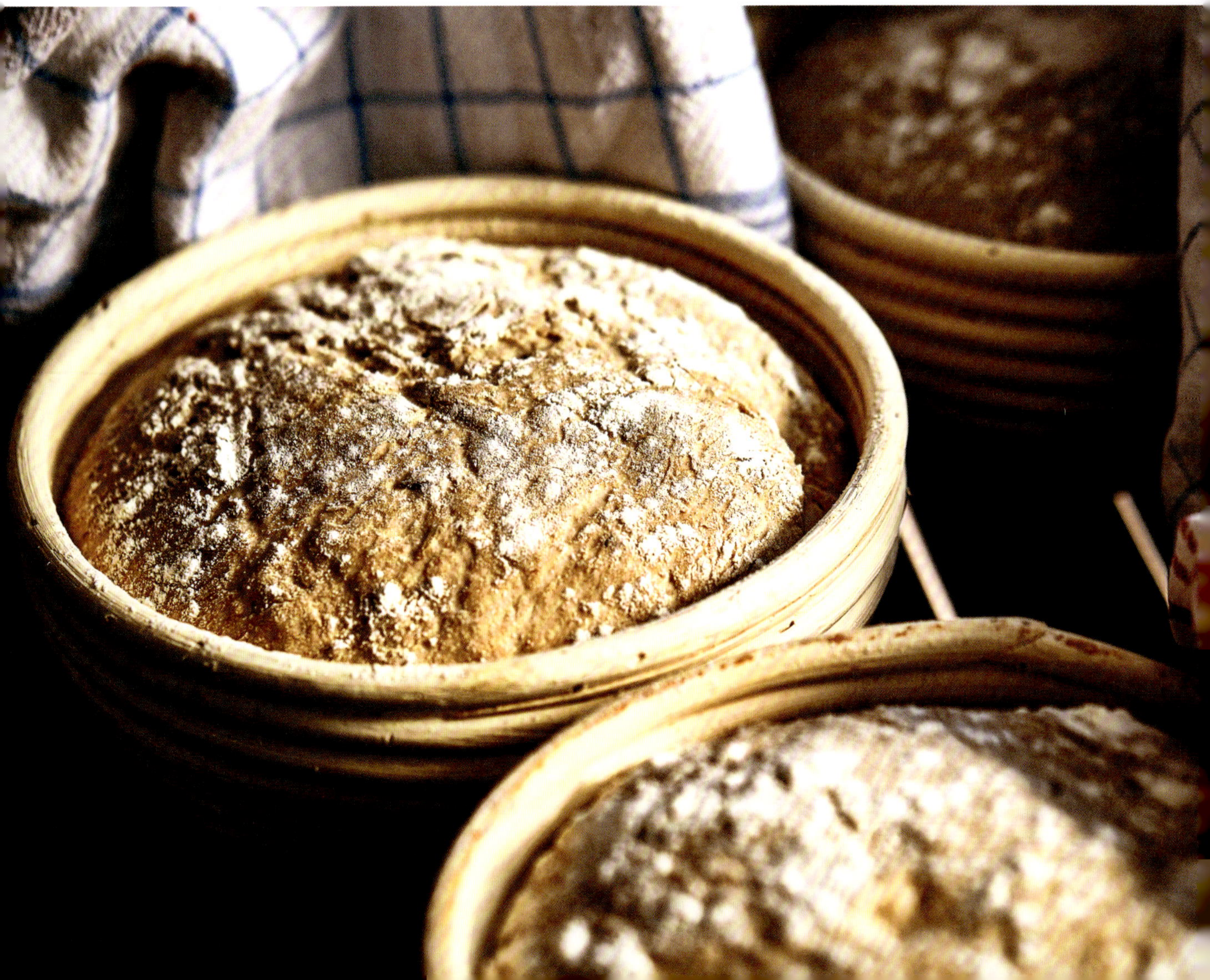

Bananen-Dinkel-Muffins mit Nuss-Honig-Topping

Für 1 Muffinblech mit 12 Mulden

Für die Muffins:
40 g geröstete Haselnusskerne
(siehe S. 195)
180 g weiche Butter
180 g brauner Zucker
2 EL Zitronensaft
½ TL Zimtpulver
4 Eier (Größe M)
100 g vollreife Banane
150 g Dinkelmehl (Type 630)
½ Päckchen Backpulver
50 g Naturjoghurt
100 g Erdnusscreme (Peanut butter,
nach Belieben fein oder mit
Stücken; ersatzweise Nussnugatmasse)

Für das Topping:
1 festfleischige Banane
2 EL Zitronensaft
20 g geröstete Haselnusskerne
Zimtpulver
50 g flüssiger Honig

Außerdem:
12 Papierbackförmchen

Zubereitung: ca. 30 Minuten
Backen: 20–25 Minuten

1. Den Backofen auf 165°C Umluft vorheizen. In die Mulden des Muffinblechs je 1 Papierförmchen setzen. Die Haselnüsse hacken.

2. Für die Muffins die Butter mit Zucker, Zitronensaft und Zimt in einer Schüssel mit den Quirlen des Handrührgeräts schaumig rühren. Die Eier nacheinander jeweils gut unterrühren. Die Banane schälen, durch die Kartoffelpresse drücken oder mit einer Gabel fein zerdrücken und unter die Buttermasse rühren.

3. Das Mehl mit dem Backpulver mischen und sieben. Die Haselnüsse untermengen. Die Mehlmischung und den Joghurt nur so lange unter die Butter-Bananen-Masse rühren, bis sich die Zutaten gut verbunden haben.

4. So viel Teig in die Förmchen verteilen, dass diese jeweils zu etwa einem Drittel gefüllt sind. Für den flüssigen Kern entweder je etwa 1 TL Erdnusscreme in die Mitte geben oder die Nugatmasse in 12 gleich große Stücke schneiden und hineingeben. Den restlichen Teig gleichmäßig darauf verteilen.

5. Die Muffins im Ofen auf der mittleren Schiene 20 bis 25 Minuten goldbraun backen. Aus dem Ofen nehmen und auf einem Kuchengitter im Blech lauwarm abkühlen lassen. Dann die Muffins herausheben und vollständig abkühlen lassen.

6. Für das Topping die Banane schälen, in kleine Würfel schneiden und sofort mit dem Zitronensaft beträufeln. Die Haselnüsse grob hacken und mit 1 Prise Zimt und dem Honig locker unter die Bananenwürfel mischen. Jeweils etwas Topping auf die Muffins setzen.

Tipp

Dieses Rezept ist eine köstliche Art der Resteverwertung für vollreife Bananen, die sonst oft im Müll landen. Wenn es schnell gehen soll, können Sie die Muffins auch ohne Topping zubereiten.

Gesund naschen
～～～
dank Bananen und
Nüssen

Kaffee-Nugat-Muffins mit Schuss

Für 14 Stück

Für die Muffins:

60 g Nussnugatmasse
150 g weiche Butter
150 g Zucker
feines Meersalz
3 Eier (Größe M)
200 g Weizenmehl (Type 405)
3 gestr. TL Backpulver
2 EL Instant-Kaffeepulver
75 g gehackte Haselnüsse
125 ml Baileys (irischer Sahnelikör)
60 ml Espresso

Außerdem:

28 Papierbackförmchen

Zubereitung: ca. 30 Minuten
Gefrieren: ca. 2 Stunden
Backen: 20–25 Minuten

1. Für die Muffins die Nugatmasse in 12 Stücke schneiden und im Tiefkühlfach etwa 2 Stunden gefrieren lassen. Je zwei Papierförmchen ineinandersetzen und auf ein Backblech stellen. Den Backofen auf 165 °C Umluft vorheizen.

2. Die Butter mit dem Zucker und 1 Prise Meersalz in einer Schüssel mit den Quirlen des Handrührgeräts schaumig rühren. Die Eier nacheinander jeweils gut unterrühren. Das Mehl mit Backpulver, Kaffeepulver und Nüssen mischen. Die Mehlmischung mit dem Baileys und dem Espresso nur so lange unter die Butter-Zucker-Masse rühren, bis sich alle Zutaten gut verbunden haben.

3. Den Teig in die Förmchen verteilen, jeweils 1 Nugatstückchen in die Mitte setzen und nur leicht in den Teig drücken. Die Muffins im Ofen auf der mittleren Schiene 20 bis 25 Minuten goldbraun backen. Aus dem Ofen nehmen und auf einem Kuchengitter noch auf dem Blech lauwarm abkühlen lassen. Dann die Muffins herausheben und vollständig abkühlen lassen.

Sieht toll aus: Bestreichen Sie die Muffins nach dem Backen mit Nugatglasur oder Kuvertüre und setzen Sie je 1 Kaffeebohne darauf.

Maronenmousse-Törtchen

~~~~~~~~~~~~~~~~~~~~~~~~~~~~~~~~~~~~~~~

1. Am Vortag den Backofen auf 175°C Umluft vorheizen. Ein Backblech mit Backpapier auslegen. Für die Böden das Mehl mit dem Backpulver mischen und sieben. Mehlmischung, Puderzucker, Eier, Milch, Vanillezucker und Zitronenschale in einer Schüssel mit den Quirlen des Handrührgeräts oder in der Küchenmaschine 10 Minuten auf niedriger Stufe verrühren. Die Nüsse einrieseln lassen und unterrühren.

2. Den Teig 1 bis 1½ cm dick auf dem Blech glatt streichen und im Ofen auf der mittleren Schiene 10 bis 12 Minuten goldbraun backen. Inzwischen ein sauberes Küchentuch auf der Arbeitsfläche ausbreiten. Den fertigen Nussboden leicht mit Zucker bestreuen und sofort auf das Küchentuch stürzen. Das Backpapier abziehen und den Boden abkühlen lassen.

3. Für die Mousse die Gelatine etwa 5 Minuten in kaltem Wasser einweichen. Die Maronen mit Milch, 50 g Zucker, Zimt und Amaretto in einem Topf mit geschlossenem Deckel etwa 10 Minuten leicht köcheln lassen. Die Nugatmasse dazugeben und alles mit dem Stabmixer zu einer feinen Paste pürieren. Die Maronenpaste in eine große Schüssel umfüllen und lauwarm abkühlen lassen, währenddessen immer wieder gut durchrühren. Die Gelatine ausdrücken und unter Rühren in der warmen Maronenpaste auflösen.

4. Die Sahne steif schlagen und kühl stellen. Die Eigelbe mit dem restlichen Zucker und 2 EL lauwarmem Wasser in einer Metallschüssel über dem heißen Wasserbad mit dem Schneebesen schaumig schlagen. Den Eischaum und die Sahne unter die Maronenpaste heben.

5. Aus der Kuchenplatte mit den Dessertringen 6 Kreise ausstechen, die Ringe mitsamt den Kuchenböden auf einen Teller stellen. Die Maronenmousse einfüllen und glatt streichen. Die Törtchen über Nacht kühl stellen.

6. Am nächsten Tag zum Servieren die Törtchen mithilfe eines glatten Messers aus den Ringen lösen. Nach Belieben Vollmilchschokolade in Spänen darüberhobeln.

Für 6 Stück à 8 cm Ø

Für die Böden:
100 g Weizenmehl (Type 405)
½ Päckchen Backpulver
100 g Puderzucker
2 Eier (Größe M)
30 ml lauwarme Milch
1 EL Vanillezucker
abgeriebene Schale von
½ Bio-Zitrone
70 g gemahlene Haselnüsse

Für die Maronenmousse:
2 Blatt weiße Gelatine
250 g Maronen (Esskastanien;
gegart und vakuumiert)
¼ l Milch
90 g Zucker
1 Msp. Zimtpulver
2 cl Amaretto (ital. Mandellikör)
30 g Nussnugatmasse
250 g Sahne
2 Eigelb (Größe M)

Außerdem:
Zucker zum Bestreuen
6 Dessertringe (à 8 cm Ø und
5–6 cm Höhe)
ca. 50 g Vollmilchschokolade
(nach Belieben)

Zubereitung: ca. 50 Minuten
Backen: 10–12 Minuten
Kühlen: über Nacht

Minikrapfen mit Vanillecreme

Für ca. 20 Stück

Für die Vanillecreme:
320 ml Milch
Mark von ½ Vanilleschote
50 g Zucker
abgeriebene Schale von
½ Bio-Zitrone
feines Meersalz
2 EL Speisestärke
6 Eigelb (Größe M)

Für den Hefeteig:
¼ l Milch
500 g Weizenmehl (Type 405)
½ TL Zimtpulver
2 Msp. Ingwerpulver
1 Msp. Kardamompulver
½ Würfel Hefe (21 g)
100 g Zucker
3 EL Vanillezucker
80 g weiche Butter
feines Meersalz
1 Ei (Größe M)

Außerdem:
Mehl zum Verarbeiten
1–2 kg Butterschmalz zum Frittieren
Zucker zum Wenden

Zubereitung: ca. 1 Stunde
Ruhen: ca. 1 Stunde 20 Minuten

1. Für die Vanillecreme ¼ l Milch mit Vanillemark, Zucker, Zitronenschale und 1 Prise Meersalz in einem Topf aufkochen. Die Stärke mit der restlichen Milch glatt rühren, unter Rühren in die kochende Milch gießen und mindestens 5 Minuten köcheln lassen. Den Topf vom Herd nehmen, die Eigelbe unter schnellem Rühren mit dem Schneebesen unter den Pudding rühren. Die Creme mit Frischhaltefolie zugedeckt abkühlen lassen.

2. Für den Hefeteig die Milch lauwarm erhitzen. Das Mehl in eine Schüssel sieben und Zimt, Ingwer sowie Kardamom untermischen. Eine Mulde in die Mitte der Mehlmischung drücken. Die Hefe hineinbröckeln und mit der Milch, 1 EL Zucker und etwas Mehl vom Rand verrühren. Den Vorteig zugedeckt an einem warmen Ort etwa 20 Minuten gehen lassen, bis sich Risse an der Oberfläche bilden.

3. Restlichen Zucker, Vanillezucker, Butter, ½ TL Meersalz und das Ei zum Vorteig geben und alles 5 bis 10 Minuten zu einem glatten, elastischen Teig verkneten, der sich von der Schüssel löst. Den Teig zugedeckt an einem warmen Ort etwa 30 Minuten gehen lassen, bis sich sein Volumen nahezu verdoppelt hat.

4. Den Teig auf der bemehlten Arbeitsfläche nochmals kurz durchkneten und in etwa 20 Portionen teilen. Jedes Teigstück mit leicht bemehlten Händen zu einer Kugel formen und auf ein bemehltes Tuch oder die leicht bemehlte Arbeitsfläche legen. Die Teigkugeln zugedeckt erneut mindestens 30 Minuten gehen lassen, bis sie ihr Volumen nahezu verdoppelt haben.

5. Das Butterschmalz zum Frittieren in einem großen Topf erhitzen. Es ist heiß genug (etwa 155 °C), wenn sich an einem hineingehaltenen Holzlöffelstiel Blasen bilden. Die Minikrapfen portionsweise nacheinander je 4 bis 5 Minuten rundum goldgelb ausbacken. Mit dem Schaumlöffel herausheben und auf Küchenpapier abtropfen lassen.

6. Die Vanillecreme mit dem Schneebesen kurz durchrühren, in einen Spritzbeutel mit Fülltülle geben und die Krapfen damit füllen. Oder die Krapfen waagerecht halbieren, jeweils 1 Klecks Vanillecreme auf die Unterhälfte geben und die Oberhälfte daraufsetzen. Die Krapfen in Zucker wenden und am besten sofort servieren.

Tipp

Das Zudecken der Vanillecreme mit Frischhaltefolie verhindert, dass sich eine Haut auf der Ceme bildet. Zum Füllen kann man auch Erdbeerkonfitüre (am besten selbst gemacht; siehe S. 170) verwenden!

Espressokuchen mit Macadamianüssen

〜〜〜〜〜〜〜〜〜〜〜〜〜〜〜〜〜〜〜〜〜

**Für 1 Kranzform von 28 cm Ø
(14 Stücke)**

Für den Rührteig:
100 g Zartbitterkuvertüre
80 g Macadamianusskerne
200 g weiche Butter
170 g Puderzucker
1 EL Vanillezucker
abgeriebene Schale von
1 Bio-Orange
feines Meersalz
4 Eier (Größe M)
240 g Weizenmehl (Type 405)
30 g Kakaopulver
1 TL Backpulver
1 schwach geh. TL Natron
1 EL Instant-Kaffeepulver
½ TL Zimtpulver
120 ml Espresso (ersatzweise
starker Kaffee)
50 cl Kaffeelikör

Für den Überzug:
150 g Vollmilchschokoladenglasur
2 TL Instant-Kaffeepulver
14 Kaffeebohnen

Außerdem:
Butter und Mehl für die Form

Zubereitung: ca. 30 Minuten
Backen: ca. 40 Minuten

1. Die Kranzform mit Butter einfetten und mit Mehl ausstäuben. Den Backofen auf 175°C Umluft vorheizen.

2. Für den Rührteig die Kuvertüre und die Macadamianüsse jeweils grob hacken. Butter, Puderzucker, Vanillezucker, Orangenschale und 1 Prise Meersalz in einer Schüssel mit den Quirlen des Handrührgeräts mindestens 3 Minuten schaumig rühren. Die Eier nacheinander jeweils so lange unterrühren, bis sich alle Zutaten wieder gut verbunden haben. Die Masse weitere 2 Minuten hellschaumig schlagen.

3. Mehl, Kakaopulver, Backpulver und Natron mischen und sieben. Kuvertüre, Macadamianüsse, Kaffeepulver und Zimt untermischen. Die Mehlmischung nach und nach abwechselnd mit dem Espresso und dem Kaffeelikör nur so lange unter die Buttermasse rühren, bis ein glatter Teig entstanden ist.

4. Den Teig in die Form füllen und im Ofen auf der mittleren Schiene 40 Minuten backen. Die Stäbchenprobe machen: Ein Holzstäbchen in den Kuchen stechen und herausziehen – bleibt kein Teig haften, ist der Kuchen fertig. Andernfalls noch etwa 10 Minuten weiterbacken.

5. Den Kuchen aus dem Ofen nehmen und in der Form noch etwa 5 Minuten ruhen lassen. Dann auf ein Kuchengitter stürzen und abkühlen lassen.

6. Für den Überzug die Schokoladenglasur nach Packungsanweisung schmelzen lassen und den Kuchen damit überziehen. Die Glasur leicht anziehen lassen und dann mit Kaffeepulver bestreuen. Für jedes Kuchenstück 1 Kaffeebohnen als Dekoration daraufsetzen und die Glasur fest werden lassen.

Safran-Hefezopf nach Franzi-Art

1. Am Vortag den Safran und den Rum in einem Schälchen verrühren und zugedeckt über Nacht stehen lassen. Die Aprikosen, Mangos sowie Äpfel in kleine Würfel schneiden und in einer kleinen Schüssel mit den Mandeln mischen. Den Orangensaft über die Fruchtmischung gießen und diese zugedeckt ebenfalls über Nacht einweichen.

2. Die Milch lauwarm erhitzen. Das Mehl in eine große Schüssel sieben und eine Mulde in die Mitte drücken. Die Hefe hineinbröckeln. Milch, Eier, Butter, Zucker, Zitronen- sowie Orangenschale, 1 gestrichenen TL Meersalz und die Safran-Rum-Mischung hinzufügen und alles 5 bis 10 Minuten zu einem glatten, elastischen Teig verkneten, der sich von der Schüssel löst. Den Teig zugedeckt an einem warmen Ort etwa 40 Minuten gehen lassen, bis er sein Volumen etwa verdoppelt hat.

3. Inzwischen die Früchte-Mandel-Mischung in ein Sieb abgießen und abtropfen lassen. Ein Backblech mit Backpapier auslegen. Die Früchte-Mandel-Mischung mit den Händen unter den gegangenen Teig kneten und diesen in drei gleich große Stücke teilen.

4. Die Teigstücke auf der leicht bemehlten Arbeitsfläche zu etwa 30 cm langen Rollen formen. Die Stränge an einem Ende zusammendrücken, einen lockeren Zopf flechten und die Enden auf der anderen Seite ebenfalls andrücken. Den Zopf auf das Blech legen und zugedeckt an einem warmen Ort etwa 1 Stunde gehen lassen, bis er sein Volumen verdoppelt hat.

5. Den Backofen auf 170°C Umluft vorheizen. Den Zopf im Ofen auf der mittleren Schiene zunächst 20 Minuten backen. Das Eigelb und die Milch zum Bestreichen verquirlen. Den Zopf mit der Eigelbmischung bestreichen und weitere 20 bis 30 Minuten goldbraun fertig backen. Vom Blech nehmen und auf einem Kuchengitter abkühlen lassen.

Tipp

Die Safran-Rum-Mischung und die eingelegten Früchte machen meinen Hefezopf besonders saftig; dadurch bleibt er prima ein paar Tage frisch. Wenn er doch mal trocken wird, tunke ich ihn einfach morgens in meinen Kaffee!

Für 1 Zopf (ca. 20 Stücke)

Für den Hefeteig:
1 Döschen Safranfäden (0,1 g)
2 EL Rum
40 g getrocknete Aprikosen
40 g getrocknete Mango
40 g getrocknete Äpfel
40 g Mandelstifte
200 ml Orangensaft
¼ l Milch
540 g Weizenmehl (Type 405)
½ Würfel Hefe (21 g)
2 Eier (Größe M)
80 g weiche Butter
120 g Zucker
abgeriebene Schale von
je 1 Bio-Zitrone und Bio-Orange
feines Meersalz

Außerdem:
Mehl für die Arbeitsfläche
1 Eigelb und 1 EL Milch zum
Bestreichen

Zubereitung: ca. 30 Minuten
Einlegen: über Nacht
Ruhen: ca. 1 Stunde 40 Minuten
Backen: ca. 50 Minuten

Nussgugelhupf mit Nussmarzipan und Nugat

Für 1 Gugelhupfform von 28 cm Ø
(16 Stücke)

Für den Hefeteig:
¼ l Milch
540 g Weizenmehl (Type 405)
½ Würfel Hefe (21 g)
120 g Zucker
80 g weiche Butter
1 Ei (Größe M)
feines Meersalz
1 EL Rum

Für die Nussfüllung:
200 g geröstete Haselnusskerne
(siehe S. 195)
40 g Haselnusskerne
120 g Nussnugatmasse
120 g Zucker
½ TL Zimtpulver
abgeriebene Schale von
1 Bio-Zitrone
2 EL Zitronensaft
140 g Eiweiß (von ca. 4 Eiern;
Größe M)

Außerdem:
Butter und Mehl für die Form
Mehl für die Arbeitsfläche

Zubereitung: ca. 40 Minuten
Ruhen: ca. 1 Stunde 50 Minuten
Backen: 40–50 Minuten

1. Für den Hefeteig die Milch in einem Topf lauwarm erhitzen. Das Mehl in eine große Schüssel sieben und eine Mulde hineindrücken. Die Hefe hineinbröckeln und mit 150 ml Milch, 2 EL Zucker und etwas Mehl vom Rand verrühren. Den Vorteig zugedeckt an einem warmen Ort etwa 20 Minuten gehen lassen, bis sich Risse an der Oberfläche bilden.

2. Restlichen Zucker, Butter, Ei, 1 gestrichenen TL Meersalz sowie Rum zum Vorteig geben und alles 5 bis 10 Minuten zu einem glatten, elastischen Teig verkneten, der sich von der Schüssel löst. Den Teig zugedeckt an einem warmen Ort etwa 30 Minuten gehen lassen, bis sich sein Volumen nahezu verdoppelt hat.

3. Inzwischen für die Nussfüllung die gerösteten Haselnüsse fein mahlen. Die ungerösteten Haselnüsse grob hacken. Den Nugat längs in drei dicke Streifen schneiden. Die gemahlenen Nüsse mit Zucker, Zimt, Zitronenschale und -saft sowie dem Eiweiß verrühren. Die Gugelhupfform mit Butter einfetten und mit Mehl ausstäuben.

4. Den Hefeteig auf der bemehlten Arbeitsfläche nochmals kurz durchkneten und zu einer etwa 30 × 30 cm großen Platte ausrollen. Die Nussfüllung gleichmäßig auf der Teigplatte glatt streichen und die Nugatstreifen mittig darauflegen. Die gehackten Nüsse daraufstreuen. Den Teig von einer Seite her zu einer Schnecke aufrollen und in die Form legen. Den Teig zugedeckt an einem warmen Ort etwa 1 Stunde gehen lassen, bis er sein Volumen deutlich vergrößert hat.

5. Den Backofen auf 170 °C Umluft vorheizen. Den Gugelhupf im Ofen auf der mittleren Schiene 40 bis 50 Minuten goldbraun backen. Aus dem Ofen nehmen und in der Form auf einem Kuchengitter lauwarm abkühlen lassen, dann aus der Form stürzen und vollständig abkühlen lassen.

Tipp

Der Nussgugelhupf schmeckt besonders gut mit einer klassischen Vanillesauce. Das Rezept dazu finden Sie im Tipp auf S. 112.

Mal anders

mit feinem Nugat-
kern

Matchatee-Marmorkuchen

Für 1 Gugelhupfform von 28 cm Ø
(16 Stücke)
Butter und Mehl für die Form
200 g weiche Butter
200 g Puderzucker
2 EL Vanillezucker
4 Eier (Größe L)
4 TL Zitronensaft
feines Meersalz
120 g Weizenmehl (Type 405)
100 g Speisestärke
½ Päckchen Backpulver
25 g Kakaopulver
1 EL Zucker
4 EL Sonnenblumenöl
10 g Matcha-Teepulver (siehe Tipp;
aus dem Tee- oder Asienladen)
Kuvertüre oder Puderzucker
(nach Belieben)

Zubereitung: ca. 20 Minuten
Backen: 50–55 Minuten

1. Den Backofen auf 200°C Ober-/Unterhitze vorheizen. Die Gugelhupfform mit Butter einfetten und mit Mehl ausstäuben.

2. Die Butter mit Puder- und Vanillezucker, Eiern, Zitronensaft und 1 Prise Meersalz in einer Schüssel mit den Quirlen des Handrührgeräts hellcremig schlagen.

3. Das Mehl mit der Stärke und dem Backpulver mischen, sieben und unter die Buttermasse heben. Das Kakaopulver mit dem Zucker vermischen und mit dem Öl sowie 3 EL Wasser glatt rühren.

4. Ein Drittel des Teigs mit der Kakaomischung verrühren. Unter den restlichen, hellen Teig das Matcha-Teepulver rühren. Den Kakaoteig abwechselnd mit dem Matchatee-Teig in die Form füllen. Eine Gabel spiralförmig durch die Teigschichten ziehen, sodass eine Marmorierung entsteht.

5. Den Kuchen im Ofen auf der mittleren Schiene zunächst 10 Minuten backen. Dann die Ofentemperatur auf 160°C Ober-/Unterhitze herunterschalten und den Kuchen 40 bis 45 Minuten fertig backen.

6. Den Marmorkuchen aus dem Ofen nehmen und in der Form noch etwa 5 Minuten ruhen lassen. Auf ein Kuchengitter stürzen und abkühlen lassen. Nach Belieben dünn mit geschmolzener Kuvertüre überziehen oder mit Puderzucker bestäuben.

Tipp

Matcha-Teepulver ist der zu feinem Pulver vermahlene gleichnamige grüne Tee. Ich liebe das Pulver, weil es bereits bei niedriger Dosierung Teige wunderbar grün färbt und so Gebäck zum Hingucker wird. Tatsächlich sollte man das Pulver auch nur in kleinen Mengen verwenden, da es sehr intensiv schmeckt.

Kartoffelwaffeln

Für 6–8 Stück

150 g Weizenmehl (Type 405)
¼ l Milch
10 g frische Hefe
270 g gegarte mehligkochende
Kartoffeln (mit Schale)
6 Eier (Größe M)
100 g Speisestärke
3 EL Öl
120 g Crème fraîche
evtl. Öl für das Waffeleisen
Puderzucker zum Bestäuben

Zubereitung: ca. 1 Stunde
Ruhen: ca. 50 Minuten

1. Das Mehl in eine Schüssel sieben und eine Mulde in die Mitte drücken. Die Milch lauwarm erwärmen und die Hefe darin auflösen. Die Milchmischung nach und nach in die Mehlmulde gießen und dabei etwas Mehl vom Rand unterarbeiten. Den Vorteig zugedeckt an einem warmen Ort etwa 30 Minuten gehen lassen.

2. Inzwischen die Kartoffeln pellen und durch die Kartoffelpresse drücken. Die Eier trennen, die Stärke sieben. Kartoffeln, Öl, Crème fraîche sowie Eigelbe zum Vorteig geben und alles zu einer glatten Masse verrühren. Die Eiweiße zu steifem Schnee schlagen. Den Eischnee abwechselnd mit der Stärke unter den Teig heben.

3. Den Teig zugedeckt an einem warmen Ort nochmals etwa 20 Minuten gehen lassen. Ein Waffeleisen erhitzen und bei Bedarf mit wenig Öl einfetten. Aus dem Teig nach und nach goldbraune Waffeln backen. Ganz frisch und mit Puderzucker bestäubt servieren.

Tipp

Zu den Waffeln serviere ich gerne Fruchtkompott, z.B. Bratapfelkompott (siehe S. 175) oder eingelegte Früchte, z.B. meine Sommer-Vanillebirnen von S. 180.

Dinkel-Gewürzkuchen mit Feigen

1. Den Backofen auf 175°C Umluft vorheizen. Die Kranzform mit Butter einfetten und mit Mehl ausstäuben. Für den Rührteig den Leinsamen im Küchenmixer fein schroten.

2. Die Butter mit Zucker, Kardamom, Ingwer, Zimt und 2 großen Prisen Meersalz in einer Schüssel mit den Quirlen des Handrührgeräts schaumig schlagen. Die Eier nacheinander jeweils gut unterrühren und die Masse weiterschlagen, bis sie hell-schaumig ist. Den Zitronensaft unterrühren.

3. Das Mehl mit Leinsamen, Kakaopulver und Natron mischen und sieben. Zunächst die Mehlmischung unter die Buttermasse rühren, dann den Kaffee dazugeben und weiterrühren, bis ein glatter Teig entstanden ist. Den Teig in die Form füllen und glatt streichen.

4. Für die Füllung die Feigen in grobe Würfel schneiden, die Kuvertüre grob hacken. Feigen und Kuvertüre mit dem Zitronensaft im Mixer zu einer feinen, zähen Masse pürieren. Das Püree mithilfe von zwei Löffeln als Strang mittig auf dem Teig verteilen.

5. Den Kuchen im Ofen auf der mittleren Schiene 40 bis 45 Minuten backen. Aus dem Ofen nehmen und auf einem Kuchengitter in der Form lauwarm abkühlen lassen. Dann vorsichtig aus der Form stürzen und vollständig abkühlen lassen.

Für 1 Kranzform von 28 cm Ø
(16 Stücke)

Für den Rührteig:
50 g Leinsamen
250 g weiche Butter
200 g Zucker
2 Msp. Kardamompulver
2 Msp. Ingwerpulver
1 gestr. TL Zimtpulver
feines Meersalz
4 Eier (Größe L)
1 EL Zitronensaft
200 g Dinkelmehl (Type 630)
30 g Kakaopulver
7 g Natron
100 ml kalter Kaffee

Für die Füllung:
120 g getrocknete Feigen
100 g Zartbitterkuvertüre
1 EL Zitronensaft

Außerdem:
Butter und Mehl für die Form

Zubereitung: ca. 30 Minuten
Backen: 40–45 Minuten

Gut gefüllt...
...ist halb gewonnen

Mohn-Mango-Strudel

〜〜〜〜〜〜〜〜〜〜〜〜〜〜〜〜〜

Für 1 Strudel (10 Stücke)

Für die Mohnfüllung:
40 g Rosinen
3 EL Rum
250 g Mohnsamen
¼ l Milch
125 g Zucker
Mark von ½ Vanilleschote
½ gestrichener TL Zimtpulver
abgeriebene Schale von
½ Bio-Zitrone
100 g Marzipanrohmasse
50 g weiche Butter

Für den Strudelteig:
150 g Weizenmehl (Type 405)
2 g feines Meersalz (ca. ½ TL)
1½ EL Öl
½ EL Essig

Für die Quarkfüllung:
350 g Magerquark
100 g Puderzucker
35 g Speisestärke
2 Eier (Größe M)
50 g zerlassene Butter
abgeriebene Schale von
½ Bio-Zitrone
Mark von ¼ Vanilleschote

Außerdem:
Öl zum Bepinseln des Teigs
Mehl zum Verarbeiten
2 mittelgroße Mangos
Butter für die Form
60 g zerlassene Butter zum
Bestreichen

Zubereitung: ca. 1 Stunde
Ruhen und Einlegen:
ca. 24 Stunden
Backen: 40–50 Minuten

1. Am Vortag für die Mohnfüllung die Rosinen mit dem Rum in einem Schälchen mischen und zugedeckt 24 Stunden ziehen lassen.

2. Ebenfalls am Vortag für den Teig das Mehl in eine Schüssel sieben und das Salz hinzufügen. Öl, Essig und nach und nach 150 ml lauwarmes Wasser unterkneten. Alles etwa 5 Minuten kräftig zu einem glatten, elastischen Teig verkneten. Teig zu einer Kugel formen, dünn mit Öl einpinseln und in Frischhaltefolie gewickelt bei Zimmertemperatur 24 Stunden ruhen lassen.

3. Am nächsten Tag für die Mohnfüllung den Mohn fein mahlen, mit Milch, Zucker, Vanillemark, Zimt und Zitronenschale in einem Topf aufkochen und 3 Minuten köcheln lassen. Die Mohnmasse in eine Schüssel umfüllen und kurz abkühlen lassen. Dann das Marzipan mit den Quirlen des Handrührgeräts unterrühren, bis die Masse glatt und ohne Klümpchen ist. Die Butter und die Rumrosinen hinzufügen und alles zu einer streichfähigen Masse verrühren.

4. Für die Quarkfüllung den Quark mit Puderzucker, Stärke, Eiern, Butter, Zitronenschale und Vanillemark in einer Schüssel mit den Quirlen des Handrührgeräts glatt verrühren.

5. Die Mangos schälen. Das Fruchtfleisch jeweils vom Stein und anschließend in dicke Würfel schneiden. Eine Kastenform von 30 cm Länge oder ein tiefes Backblech einfetten. Den Backofen auf 175°C Umluft vorheizen.

6. Die Teigkugel auf einem bemehlten Küchentuch mit dem Nudelholz etwas ausrollen. Kurz ruhen lassen und dann über den Handrücken vorsichtig zu einem hauchdünnen, etwa 40 × 32 cm großen Rechteck ausziehen.

7. Die Teigplatte gleichmäßig und vorsichtig mit der Quarkfüllung bestreichen. Die Mohnmasse in drei Strängen darauf verteilen und die Mangowürfel daraufgeben. Den Strudel mithilfe des Tuchs vorsichtig von einer kurzen Seite beginnend aufrollen und in die Form oder auf das Blech legen.

8. Den Strudel mit zerlassener Butter bestreichen und im Ofen auf der mittleren Schiene 40 bis 50 Minuten goldgelb backen. Aus dem Ofen nehmen und in der Form oder auf dem Blech lauwarm abkühlen lassen.

Orangenkuchen mit Karamelltopping

〜〜〜〜〜〜〜〜〜〜〜

**Für 1 Kastenform von 30 cm Länge
(15 Stücke)**

Für den Rührteig:
2 Bio-Orangen
180 g weiche Butter
180 g Puderzucker
feines Meersalz
4 Eier (Größe M)
220 g Weizenmehl (Type 405)
1 EL Backpulver
100 g geröstete Mandeln
(siehe S. 195)
1 gestr. TL Zimtpulver

Für das Karamelltopping:
100 g Zucker
250 g Sahne
feines Meersalz
½ Vanilleschote
Zesten von 1 Bio-Orange

Außerdem:
Butter und Mehl für die Form

Zubereitung: ca. 20 Minuten
Backen: ca. 40 Minuten

1. Den Backofen auf 210°C Umluft vorheizen. Die Kastenform mit Butter einfetten und mit Mehl ausstäuben. Für den Rührteig die Orangen heiß waschen und trocken reiben, die Schale fein abreiben und 150 ml Saft auspressen.

2. Die Butter mit dem Puderzucker und 1 Prise Meersalz in einer Schüssel mit den Quirlen des Handrührgeräts oder in der Küchenmaschine mindestens 3 Minuten schaumig schlagen.

3. Die Eier nacheinander jeweils gut unterrühren und alles weitere 2 Minuten hellschaumig aufschlagen. Das Mehl mit dem Backpulver mischen und sieben. Mandeln, Zimt und Orangenschale untermischen. Die Mehlmischung nach und nach abwechselnd mit dem Orangensaft unter die Buttermasse rühren.

4. Den Teig in die Form füllen und im Ofen auf der mittleren Schiene zunächst 10 Minuten backen, dann die Ofentemperatur auf 175°C Umluft herunterschalten und den Kuchen etwa 30 Minuten goldbraun fertig backen.

5. Den Kuchen aus dem Ofen nehmen und in der Form lauwarm abkühlen lassen, dann vorsichtig aus der Form lösen und auf einem Kuchengitter vollständig abkühlen lassen.

6. Für das Karamelltopping den Zucker in einem Topf bei schwacher Hitze bernsteinfarben karamellisieren. Dann mit 100 g Sahne ablöschen und aufkochen lassen. Die restliche Sahne dazugieße und 1 Prise Meersalz sowie die Vanilleschote hinzufügen und alles 2 Minuten köcheln lassen. Die Karamellsauce durch ein Sieb gießen.

7. Die Oberfläche des Orangenkuchens mit der Karamellsauce und den Orangenzesten dekorieren.

〜〜〜〜〜〜〜 *Tipp* 〜〜〜〜〜〜〜

Wer mag, kann aus der Karamellsauce ganz einfach eine Zimtsauce zaubern – dafür einfach die Vanilleschote durch ½ TL Zimtpulver ersetzen. Schokofans überziehen den Kuchen mit einer Schokoglasur (siehe S. 196).

Zimtschnecken

~~~~~~

Für 10–12 Stück

Für den Hefeteig:
100 ml Milch
250 g Weizenmehl (Type 405)
15 g frische Hefe
40 g Zucker
150 g Butter
1 Ei (Größe M)
2 EL Vanillezucker
feines Meersalz

Für die Füllung:
40 g geröstete Haselnusskerne
(siehe S. 195)
100 g Zucker
1 EL Zimtpulver
80 g Butter

Außerdem:
Mehl für die Arbeitsfläche

Zubereitung: ca. 40 Minuten
Ruhen: ca. 2 Stunden 15 Minuten
Backen: 15–17 Minuten

1. Für den Teig die Milch lauwarm erhitzen. Das Mehl in eine Schüssel sieben und eine Mulde in die Mitte drücken. Die Hefe hineinbröckeln und mit der Milch, 2 EL Zucker und etwas Mehl vom Rand verrühren. Den Vorteig zugedeckt an einem warmen Ort 30 Minuten gehen lassen. Inzwischen 50 g Butter in einem Topf bei schwacher Hitze zerlassen.

2. Zerlassene Butter, Ei, restlichen Zucker, Vanillezucker und 1 Prise Meersalz zum Vorteig geben und alles 5 bis 10 Minuten zu einem festen, glatten Teig verkneten. Den Teig zugedeckt 1 Stunde in den Kühlschrank stellen. Die restliche Butter in dünne Scheiben schneiden.

3. Ein Backblech mit Backpapier auslegen. Den Teig auf der leicht bemehlten Arbeitsfläche tourieren (siehe Tipp): Dazu den Teig zu einem etwa 40 × 20 cm großen Rechteck ausrollen. Die Butterscheiben gleichmäßig auf einer Hälfte der Teigplatte verteilen, sodass man je ein belegtes und unbelegtes Quadrat von 20 × 20 cm Größe erhält. Die unbelegte Teighälfte über die belegte Hälfte klappen und den Teig erneut leicht rechteckig ausrollen. Diesen Vorgang noch dreimal wiederholen und den Teig zum Schluss zu einem 30 × 30 cm großen Quadrat ausrollen.

4. Für die Füllung die Haselnüsse fein hacken und mit Zucker sowie Zimt mischen. Die Butter zerlassen und die Teigplatte mithilfe eines Pinsels damit bestreichen. Die Nussmischung gleichmäßig darauf verteilen. Die Teigplatte aufrollen und die Rolle in 2 bis 3 cm dicke Scheiben schneiden. Die Teigscheiben flach auf das Blech legen und zugedeckt an einem warmen Ort 30 bis 45 Minuten gehen lassen.

5. Inzwischen den Backofen auf 180 °C Umluft vorheizen. Die Schnecken im Ofen auf der mittleren Schiene 15 bis 17 Minuten goldbraun backen. Sofort servieren.

~~~~~~~~~~~~~~~~~~~~~~ *Tipp* ~~~~~~~~~~~~~~~~~~~~~~

Tourierter Hefeteig wird auch Plunderteig genannt. Durch das Einarbeiten der Butter, bei dem der Teig mehrfach gefaltet und neu ausgerollt wird, entstehen mehrere Schichten, die das Gebäck besonders luftig machen.

Erdapfeltorte

1. Für den Teig die Kartoffeln mit der Schale gründlich waschen und in Salzwasser etwa 20 Minuten weich garen. Die Kartoffeln abgießen, ausdampfen lassen und möglichst heiß pellen. Noch heiß durch die Kartoffelpresse drücken und lauwarm abkühlen lassen.

2. Den Backofen auf 175 °C Umluft vorheizen. Die Springform mit Butter einfetten und mit Mehl ausstäuben. Die Nüsse fein mahlen und mit dem Mehl mischen.

3. Die Eier trennen. Die Eigelbe mit 100 g Zucker, Zimt und Zitronenschale sowie -saft in einer Schüssel mit den Quirlen des Handrührgeräts schaumig schlagen. Die Eiweiße mit dem restlichen Zucker und 1 Prise Meersalz zu steifem Schnee schlagen. Den Eischnee zusammen mit den Kartoffeln und der Nuss-Mehl-Mischung unter die Eigelbmasse ziehen.

4. Den Teig in die Form füllen und im Ofen auf der mittleren Schiene 45 bis 50 Minuten backen. Dabei eventuell nach 30 Minuten Backzeit mit Backpapier abdecken, damit der Kuchen nicht zu dunkel wird. Aus dem Ofen nehmen und auf einem Kuchengitter in der Form lauwarm abkühlen lassen. Dann aus der Form lösen und vollständig abkühlen lassen.

5. Für den Belag den Frischkäse mit Puderzucker, Vanillezucker, Zitronenschale sowie -saft, Sahne, Rum und Preiselbeeren in einer Schüssel gut verrühren. Die Frischkäsecreme auf dem Kuchen nach Belieben mit einem Löffel wolkenartig verteilen oder auf dem Kuchen verstreichen und mit einem Tortenkamm Wellen hineinziehen.

Für 1 Springform von 28 cm Ø
(12 Stücke)

Für den Teig:
500 g mehligkochende Kartoffeln
(österreichisch: Erdäpfel)
feines Meersalz
125 g geröstete Haselnusskerne
(siehe S. 195)
100 g Weizenmehl (Type 405)
4 Eier (Größe M)
225 g Zucker
½ TL Zimtpulver
Schale und Saft von 1 Bio-Zitrone

Für den Belag:
500 g Doppelrahmfrischkäse
80 g Puderzucker
1 EL Vanillezucker
abgeriebene Schale und Saft
von ½ Bio-Zitrone
2 EL Sahne
4 cl Rum
100 g Preiselbeerkonfitüre

Außerdem:
Butter und Mehl für die Form
evtl. Tortenkamm

Zubereitung: ca. 30 Minuten
Garen: ca. 20 Minuten
Backen: 45–50 Minuten

Rote-Bete-Schoko-Küchlein

~~~~~~

Für 1 Muffinblech mit 12 Mulden

100 g Zartbitterkuvertüre

200 g Rote-Bete (vorgegart und vakuumiert)

Butter und Mehl für das Muffin-blech oder 12 Papierbackförmchen

180 g weiche Butter

180 g Puderzucker

feines Meersalz

4 Eier (Größe M)

220 g Weizenmehl (Type 405)

3 TL Backpulver

30 g Kakaopulver

130 ml Rote-Bete-Saft

Zubereitung: ca. 20 Minuten
Backen: 20–25 Minuten

1. Die Kuvertüre fein hacken. Die Roten Beten in grobe Stücke schneiden und in einem hohen Rührbecher mit dem Stabmixer fein pürieren. Den Backofen auf 175 °C Umluft vorheizen. Die Mulden des Muffinblechs mit Butter einfetten und mit Mehl ausstäuben oder jeweils 1 Papierförmchen hineinsetzen.

2. Die Butter mit dem Puderzucker und 1 Prise Meersalz in einer Schüssel mit den Quirlen des Handrührgeräts schaumig rühren. Die Eier nacheinander jeweils gut unterrühren. Das Mehl mit dem Backpulver und dem Kakao mischen und mit dem Rote-Bete-Saft nur so lange unter die Butter-Eier-Masse rühren, bis sich alle Zutaten gut verbunden haben. Das Rote-Bete-Püree und die gehackte Schokolade unterziehen.

3. Den Rote-Bete-Schoko-Teig in die Förmchen verteilen und im Ofen auf der mittleren Schiene 20 bis 25 Minuten backen. Aus dem Ofen nehmen und im Blech lauwarm abkühlen lassen. Dann die Küchlein herauslösen und auf einem Kuchengitter vollständig abkühlen lassen.

~~~~~~~~~~~~~~~~~~~~~~~~~ *Tipp* ~~~~~~~~~~~~~~~~~~~~~~~~~

Für das rosarote Topping einfach Sahne mit etwas Puderzucker süßen, halbsteif schlagen und mit wenig Rote-Bete-Saft einfärben – fertig ist das Häubchen!

Süßkartoffel-Orangen-Kuchen

Für 1 Margeritenform von 30 cm Ø (16 Stücke)

ca. 600 g Süßkartoffeln
2 Bio-Orangen
Butter und Maismehl für die Form
8 Eier (Größe M)
250 g Zucker
4 EL Vanillezucker
70 g gemahlene Haselnüsse
15 g Weichweizengrieß
feines Meersalz
Puderzucker zum Bestäuben

Zubereitung: ca. 20 Minuten
Garen: ca. 30 Minuten
Backen: 50–60 Minuten

1. Die Süßkartoffeln mit der Schale gründlich waschen und in Wasser je nach Größe 25 bis 30 Minuten weich garen. Die Kartoffeln abgießen, ausdampfen lassen, heiß pellen, fein reiben und abkühlen lassen. 500 g Süßkartoffeln abwiegen.

2. Die Orangen heiß waschen und trocken reiben. Die Schale beider Orangen abreiben, den Saft von 1 Orange auspressen.

3. Den Backofen auf 180°C Umluft vorheizen. Die Margeritenform mit Butter einfetten und mit Maismehl ausstäuben.

4. Die Eier trennen. Die Eigelbe, 125 g Zucker, den Vanillezucker, die Orangenschale und den -saft in einer Schüssel mit den Quirlen des Handrührgeräts schaumig schlagen. Die Haselnüsse und den Grieß mischen. Die Eiweiße mit 125 g Zucker und 1 Prise Meersalz zu steifem Schnee schlagen. Den Eischnee zusammen mit den Süßkartoffeln und der Haselnussmischung unter den Eigelbschaum ziehen.

5. Den Teig in die Form füllen, glatt streichen und im Ofen auf der mittleren Schiene 50 bis 60 Minuten goldbraun backen. Eventuell nach 30 Minuten Backzeit mit Backpapier abdecken, damit der Kuchen nicht stark bräunt.

6. Den Süßkartoffel-Orangen-Kuchen aus dem Ofen nehmen und in der Form lauwarm abkühlen lassen. Dann aus der Form stürzen und auf einem Kuchengitter vollständig abkühlen lassen. Mit Puderzucker bestäubt servieren.

Tipp

Die besten Begleiter zu diesem ohnehin schon saftigen Süßkartoffel-Kuchen sind meine Gewürzorangen (siehe S. 182).

In bester Form

sonnengelber
Hochgenuss

Tomaten-Ciabatta

~~~~~~

Für 1 Ciabatta

50 g getrocknete Tomaten
350 g Weizenvollkornmehl
200 g Weizenmehl (Type 405)
14 g frische Hefe
1 EL Zucker
50 g Salami
1 kleines Bund Oregano (ca. 20 g)
16 g feines Meersalz
7 EL Olivenöl
2 EL Tomatenmark
220 ml Tomatensaft
1 Zweig Rosmarin
Mehl für das Blech und
die Arbeitsfläche

Zubereitung: ca. 40 Minuten
Ruhen: ca. 1 Stunde 20 Minuten
Backen: ca. 35 Minuten

1. Die getrockneten Tomaten in einer Schüssel mit kochend heißem Wasser übergießen und 30 Minuten einweichen.

2. Beide Mehlsorten in eine große Schüssel sieben und eine Mulde in die Mitte drücken. Die Hefe hineinbröckeln und mit 100 ml lauwarmem Wasser, dem Zucker und etwas Mehl vom Rand verrühren. Den Vorteig zugedeckt an einem warmen Ort etwa 20 Minuten gehen lassen.

3. Inzwischen die Salami in kleine Würfel schneiden. Den Oregano waschen und trocken schütteln, die Blätter abzupfen und fein schneiden. Die eingeweichten Tomaten in einem Sieb gut abtropfen lassen und klein schneiden.

4. Oregano, Meeersalz, 5 EL Olivenöl, Tomatenmark und Tomatensaft zum Vorteig geben und alles 5 bis 10 Minuten zu einem elastischen Teig verkneten, der sich gut von der Schüssel löst, dabei bei Bedarf noch bis zu 50 ml Wasser dazugeben. Die Tomatenstückchen und die Salamiwürfel kurz unterkneten. Den Teig zugedeckt an einem warmen Ort 30 Minuten gehen lassen.

5. Ein Backblech mit Mehl bestäuben. Den Teig auf der bemehlten Arbeitsfläche nochmals kräftig durchkneten und mit bemehlten Händen zu einem ovalen Brotlaib formen. Den Laib auf das Blech legen und zugedeckt an einem warmen Ort 20 bis 30 Minuten gehen lassen, bis sich das Volumen verdoppelt hat.

6. Inzwischen den Backofen auf 210 °C Umluft vorheizen. Rosmarin waschen und trocken tupfen. Die Nadeln abzupfen, fein hacken und mit dem restlichen Olivenöl in einer Tasse mischen.

7. Das Ciabatta im Ofen auf der mittleren Schiene 15 Minuten backen. Dann die Ofentemperatur auf 180 °C Umluft herunterschalten, das Ciabatta mit dem Rosmarin-Öl beträufeln und weitere 20 Minuten goldgelb fertig backen. Das Brot aus dem Ofen nehmen, auf einem Kuchengitter abkühlen lassen und möglichst frisch genießen.

~~~~~~~~~~~~~~~~~~~~ *Tipp* ~~~~~~~~~~~~~~~~~~~~

Für eine vegetarische Variante des Ciabattas die Salami durch gehackte Pinienkerne und/oder Oliven ersetzen.

Rote-Bete-Fladen mit Ziegenkäse

Für 2 Fladen

1. Für den Hefeteig beide Mehlsorten in eine große Schüssel sieben und eine Mulde in die Mitte drücken. Die Hefe hineinbröckeln und mit 200 ml Rote-Bete-Saft, dem Honig und etwas Mehl vom Rand mit den Fingern glatt zerdrücken. Den Vorteig zugedeckt an einem warmen Ort etwa 20 Minuten gehen lassen.

2. Inzwischen die Rosinen mit dem Messer grob hacken. Für die Röstzwiebeln den Knoblauch und die Zwiebeln schälen und in dünne Scheiben schneiden. Das Öl in einer Pfanne leicht erhitzen und Knoblauch und Zwiebeln darin bei schwacher Hitze goldgelb anrösten. Mit 2 Prisen Meersalz würzen. Anschließend auf Küchenpapier abtropfen und abkühlen lassen.

3. Zum Vorteig Olivenöl, Meersalz und Koriander, Rosinen, restlichen Rote-Bete-Saft sowie die Buttermilch geben und alles 5 bis 10 Minuten zu einem glatten, elastischen Teig verkneten, der sich von der Schüssel löst. Bei Bedarf noch etwas Mehl unterarbeiten. Den Teig zugedeckt an einem warmen Ort 20 Minuten gehen lassen.

4. Ein Backblech mit Mehl bestäuben. Den Teig halbieren und die Teigstücke auf der bemehlten Arbeitsfläche zu etwa 2 bis 3 cm dicken Fladen ausrollen und auf das Blech legen. Die Röstzwiebeln gleichmäßig darauf verteilen und den Ziegenkäse darüberbröckeln. Die Fladen 30 Minuten gehen lassen.

5. Inzwischen den Backofen auf 170 °C Umluft vorheizen. Die Fladen mit Olivenöl beträufeln und im Ofen auf der mittleren Schiene 25 bis 30 Minuten goldgelb backen. Vom Blech nehmen und auf einem Kuchengitter abkühlen lassen.

Für den Hefeteig:
350 g Weizenmehl (Type 405)
200 g Dinkelmehl (Type 630)
14 g frische Hefe
300 ml Rote-Bete-Saft
2 EL Honig
40 g Rosinen
2 EL Olivenöl
18 g feines Meersalz
½ EL grob zerstoßene Koriander-körner
50 g Buttermilch

Für die Röstzwiebeln:
2 Knoblauchzehen
2 rote Zwiebeln
3–4 EL Sonnenblumenöl
feines Meersalz

Außerdem:
Mehl für das Blech und die Arbeitsfläche
200 g Ziegenfrischkäserolle
2 EL Olivenöl zum Beträufeln

Zubereitung: ca. 30 Minuten
Ruhen: ca. 1 Stunde 10 Minuten
Backen: 25–30 Minuten

Wunderbare Röstzwiebeln erhalten Sie auch, wenn Sie die Zwiebel- und Knoblauchscheiben dünn mit Mehl bestäuben und in einem Topf oder der Fritteuse in Öl bei 150 °C hell frittieren.

Fürstätter Krustenbrot

Für 1 Brot von ca. 1 kg

350 g Weizenvollkornmehl
200 g Roggenmehl (Type 1150)
16 g frische Hefe
75 g flüssiger Sauerteig (Fertigprodukt aus dem Beutel)
1 EL Honig
2 EL Korianderkörner
1 EL Kümmelsamen
½ EL Anissamen
1 EL Fenchelsamen
18 g feines Meersalz
Mehl für die Arbeitsfläche und
das Blech

Zubereitung: ca. 20 Minuten
Ruhen: ca. 1 Stunde 15 Minuten
Backen: ca. 40 Minuten

1. Beide Mehlsorten in eine große Schüssel sieben und eine Mulde in die Mitte drücken. Die Hefe hineinbröckeln und den Sauerteig hinzufügen. Mit 150 ml lauwarmem Wasser, dem Honig und etwas Mehl vom Rand verrühren. Den Vorteig zugedeckt an einem warmen Ort etwa 15 Minuten gehen lassen.

2. Inzwischen Koriander, Kümmel, Anis und Fenchel im Mörser grob zerstoßen oder mit einem scharfen Messer fein hacken.

3. Die Gewürze, das Meersalz und 200 ml lauwarmes Wasser zum Vorteig geben und alles zunächst mit den Knethaken des Handrührgeräts oder in der Küchenmaschine, dann auf der bemehlten Arbeitsfläche mit den Händen zu einem glatten, elastischen Teig verkneten, der sich von der Schüssel löst. Den Teig zugedeckt an einem warmen Ort etwa 30 Minuten gehen lassen.

4. Ein Backblech mit Mehl bestäuben. Den Teig auf der leicht bemehlten Arbeitsfläche nochmals kurz und kräftig durchkneten, dann zu einem ovalen oder runden Brotlaib formen. Den Laib auf das Blech legen und zugedeckt an einem warmen Ort etwa 30 Minuten gehen lassen, bis er sein Volumen deutlich vergrößert hat.

5. Den Backofen auf 220°C Umluft vorheizen. Das Brot im Ofen auf der mittleren Schiene etwa 40 Minuten knusprig und braun backen. Vom Blech nehmen und auf einem Kuchengitter abkühlen lassen.

Tipp

Ich verwende zum Gehenlassen des geformten Brotes gern ein Gärkörbchen. Dieses gut mit Mehl ausstäuben und nach Belieben noch ganze Gewürzsamen wie Koriander, Kümmel, Anis und Fenchel hineinstreuen – das sieht nicht nur toll aus, sondern sorgt auch für extra Aroma!

Am besten machen Sie die „Klopfprobe", um zu testen, ob das Brot bereits fertig ist. Einfach den Laib (mit Ofenhandschuhen!) umdrehen und mit dem Fingerknöchel gegen die Brotunterseite klopfen: Klingt es hohl, ist das Brot fertig!

Würzig-frisch

feinster Brotgenuss
für jeden Tag

Kartoffel-Sauerkraut-Brot

Für 3 Brote à ca. 500 g

300 g festkochende Kartoffeln
350 g Weizenmehl (Type 405)
200 g Roggenmehl (Type 1150)
14 g frische Hefe
1 EL Zucker
100 g Sauerkraut (aus der Dose)
1 EL Kümmelsamen
220 ml Milch
18 g feines Meersalz
40 g weiche Butter
½ TL frische oder getrocknete
Majoranblättchen
Mehl für die Arbeitsfläche
50 g durchwachsener Räucherspeck
(in feinen Würfeln)

Zubereitung: ca. 1 Stunde
Ruhen: ca. 1 Stunde 25 Minuten
Backen: 40–45 Minuten

1. Die Kartoffeln mit der Schale gründlich waschen und in Wasser etwa 20 Minuten weich garen. Die Kartoffeln abgießen, ausdampfen lassen, möglichst heiß pellen und auskühlen lassen.

2. Beide Mehlsorten in eine große Schüssel sieben und eine Mulde in die Mitte drücken. Die Hefe hineinbröckeln und mit 150 ml lauwarmem Wasser, dem Zucker und etwas Mehl vom Rand verrühren. Den Vorteig zugedeckt an einem warmen Ort etwa 15 Minuten gehen lassen.

3. Inzwischen das Sauerkraut in einem Sieb abtropfen lassen. Den Kümmel im Mörser grob zerstoßen oder mit einem scharfen Messer fein hacken. Die Milch in einem Topf lauwarm erhitzen.

4. Milch, Meersalz, Butter, Majoran und Kümmel zum Vorteig geben. Alles zunächst mit den Knethaken des Handrührgeräts oder in der Küchenmaschine, dann auf der bemehlten Arbeitsfläche mit den Händen 5 bis 10 Minuten zu einem glatten, elastischen Teig verkneten, der sich von der Schüssel löst. Bei Bedarf eventuell noch etwas Mehl unterarbeiten. Den Teig zugedeckt an einem warmen Ort etwa 30 Minuten gehen lassen.

5. Inzwischen den Speck in einer Pfanne ohne Fett bei mittlerer Hitze rundum braun und knusprig braten, dann auf einem Teller abkühlen lassen. Zwei Backbleche mit Backpapier auslegen.

6. Den Teig auf der leicht bemehlten Arbeitsfläche nochmals kurz und kräftig durchkneten, dabei den Speck und das Sauerkraut unterarbeiten. Die Kartoffeln je nach Größe vierteln oder achteln und vorsichtig unter den Teig kneten.

7. Den Teig auf der gut bemehlten Arbeitsfläche dritteln. Jedes Teigstück zu einem runden oder ovalen Brotlaib formen, die Laibe auf die Bleche legen und nach Belieben mit einem scharfen Messer mehrmals quer oder längs einschneiden. Die Laibe an einem warmen Ort 30 bis 40 Minuten gehen lassen, bis sich ihr Volumen verdoppelt hat.

8. Inzwischen den Backofen auf 200 °C Umluft vorheizen. Die Brote im Ofen auf der untersten und mittleren Schiene 15 Minuten anbacken, dann die Ofentemperatur auf 180 °C Umluft herunterschalten und die Brote 25 bis 30 Minuten knusprig und braun fertig backen. Vom Blech nehmen und auf einem Kuchengitter abkühlen lassen.

Zwiebel-Dinkel-Stangerl

~~~~~~

1. Für die Röstzwiebeln die Schalotten schälen, halbieren und in dünne Scheiben schneiden. Das Öl in einer Pfanne leicht erhitzen und die Schalotten darin bei schwacher Hitze braun dünsten. Mit 3 Prisen Meersalz würzen und anschließend auf Küchenpapier abtropfen und abkühlen lassen.

2. Für den Hefeteig das Mehl in eine große Schüssel sieben und eine Mulde in die Mitte drücken. Die Hefe hineinbröckeln und mit 150 ml lauwarmem Wasser, dem Honig und etwas Mehl vom Rand verrühren. Den Vorteig zugedeckt an einem warmen Ort etwa 20 Minuten gehen lassen.

3. Meersalz, Olivenöl, Kümmel und 200 ml lauwarmes Wasser zum Vorteig hinzufügen und alles 10 Minuten zu einem glatten, elastischen Teig verkneten, der sich von der Schüssel löst. Die Schalotten kurz unterkneten. Den Teig zugedeckt an einem warmen Ort weitere 30 Minuten gehen lassen.

4. Ein Backblech mit Mehl bestäuben. Den Teig auf der leicht bemehlten Arbeitsfläche nochmals durchkneten und dritteln. Jedes Teigstück zu einer Stange in Länge des Backblechs formen. Die Stangen auf das Blech legen und mit einer Schere auf der Oberfläche mehrmals mittig einschneiden, sodass kleine Spitzen entstehen. Die Teigstangen 20 bis 30 Minuten gehen lassen, bis sich ihr Volumen verdoppelt hat.

5. Den Backofen auf 200 °C vorheizen. Die Stangerl im Ofen auf der mittleren Schiene 25 bis 30 Minuten knusprig und goldbraun backen. Vom Blech nehmen und auf einem Gitter abkühlen lassen.

Tipp

Anstatt Stangerl können Sie aus dem Teig auch Brezen oder einen großen Laib Brot formen. Der Laib benötigt allerdings etwas länger im Ofen – planen Sie 10 bis 15 Minuten mehr Backzeit ein.

Für 3 Stück à ca. 350 g

Für die Röstzwiebeln:
150 g Schalotten (ersatzweise braunschalige Zwiebeln)
3 EL Sonnenblumenöl
feines Meersalz

Für den Hefeteig:
550 g Dinkelvollkornmehl
½ Würfel Hefe (21 g)
1 EL Honig
14 g Meersalz
5 TL Olivenöl
1 EL fein zerstoßene Kümmelsamen

Außerdem:
Mehl für das Blech und für die Arbeitsfläche

Zubereitung: ca. 20 Minuten
Ruhen: ca. 1 Stunde 20 Minuten
Backen: 25–30 Minuten

Blaukraut-Baguette

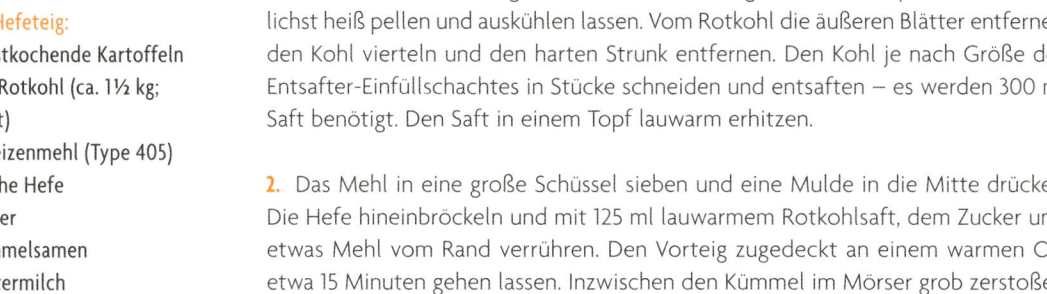

Für 3 Stück à ca. 300 g

Für den Hefeteig:
200 g festkochende Kartoffeln
1 großer Rotkohl (ca. 1½ kg; Blaukraut)
550 g Weizenmehl (Type 405)
14 g frische Hefe
1 EL Zucker
2 TL Kümmelsamen
50 g Buttermilch
18 g feines Meersalz
3 EL Olivenöl

Außerdem:
Entsafter (siehe Tipp)
Mehl für die Arbeitsfläche

Zubereitung: ca. 45 Minuten
Ruhen: ca. 1 Stunde 25 Minuten
Backen: ca. 35 Minuten

1. Für den Hefeteig die Kartoffeln mit der Schale gründlich waschen und in Wasser etwa 20 Minuten weich garen. Die Kartoffeln abgießen, ausdampfen lassen, möglichst heiß pellen und auskühlen lassen. Vom Rotkohl die äußeren Blätter entfernen, den Kohl vierteln und den harten Strunk entfernen. Den Kohl je nach Größe des Entsafter-Einfüllschachtes in Stücke schneiden und entsaften – es werden 300 ml Saft benötigt. Den Saft in einem Topf lauwarm erhitzen.

2. Das Mehl in eine große Schüssel sieben und eine Mulde in die Mitte drücken. Die Hefe hineinbröckeln und mit 125 ml lauwarmem Rotkohlsaft, dem Zucker und etwas Mehl vom Rand verrühren. Den Vorteig zugedeckt an einem warmen Ort etwa 15 Minuten gehen lassen. Inzwischen den Kümmel im Mörser grob zerstoßen oder mit einem scharfen Messer hacken.

3. Übrigen Rotkohlsaft, Buttermilch, Meersalz, Olivenöl sowie Kümmel zum Vorteig geben und alles zunächst mit den Knethaken des Handrührgeräts oder in der Küchenmaschine, dann auf der bemehlten Arbeitsfläche mit den Händen 5 bis 10 Minuten zu einem glatten Teig verkneten, der sich von der Schüssel löst. Bei Bedarf noch etwas Mehl unterarbeiten. Den Teig zugedeckt an einem warmen Ort etwa 30 Minuten gehen lassen.

4. Inzwischen die Kartoffeln in etwa 3 cm große Würfel schneiden. Ein Backblech mit Backpapier auslegen. Den Teig auf der leicht bemehlten Arbeitsfläche nochmals kurz und kräftig durchkneten. Die Kartoffelwürfel vorsichtig unter den Teig kneten und diesen dritteln. Jedes Teigstück mit bemehlten Händen zu einem etwa 30 cm langen Baguette formen. Die Stangen auf das Blech legen, mit einem scharfen Messer an der Oberfläche nach Belieben mehrmals schräg oder einmal mittig längs einschneiden und zugedeckt an einem warmen Ort 30 bis 40 Minuten gehen lassen, bis sich das Volumen verdoppelt hat.

5. Inzwischen den Backofen auf 200 °C Umluft vorheizen. Die Baguettes im Ofen auf der mittleren Schiene 15 Minuten anbacken, dann die Ofentemperatur auf 180 °C Umluft herunterschalten und die Brote etwa 20 Minuten knusprig und goldbraun fertig backen. Vom Blech nehmen und auf einem Kuchengitter abkühlen lassen.

Tipp

Wenn Sie gern und häufig Baguette backen, lohnt sich die Anschaffung eines speziellen Baguette-Backblechs. Mit diesem Lochblech, das Mulden in Baguetteform hat, gelingen besonders schöne und knusprige Brote.
Wer keinen Entsafter hat, kann das Brot statt mit Rotkohlsaft auch mit Rote-Bete-Saft backen, den es in Flaschen zu kaufen gibt – geschmacklich und farblich bekommt das Baguette dadurch dann allerdings eine etwas andere Note.

Meine

Küchenschätze

Erdbeer-Vanille-Konfitüre

Für 3 Twist-off-Gläser
à ca. 330 ml Inhalt
ca. 800 g Erdbeeren
Mark von 1 Vanilleschote
(z.B. Tahiti-Vanille)
250 g Gelierzucker 3:1
Saft von 1 großen Zitrone
feines Meersalz

Zubereitung: ca. 20 Minuten

1. Die Erdbeeren waschen, putzen und je nach Größe halbieren oder vierteln, anschließend 750 g Erdbeeren abwiegen. Mit Vanillemark, Gelierzucker, Zitronensaft und 1 Prise Meersalz in einem Topf aufkochen und bei schwacher Hitze unter Rühren mindestens 5 Minuten köcheln lassen.

2. Die Erdbeermischung mit dem Stabmixer fein pürieren. Sofort in die sauberen Gläser füllen und fest verschließen. Die Gläser umdrehen und etwa 5 Minuten auf den Deckel stellen. Dann wieder umdrehen und die Konfitüre abkühlen lassen, währenddessen die Gläser nicht bewegen. Die Konfitüre ist an einem kühlen und dunklen Ort aufbewahrt ohne größere Qualitätsverluste mindestens 1 Jahr haltbar.

Tipp

Sollten Sie kleine Erdbeeren für die Konfitüre verwenden, müssen Sie diese nicht unbedingt pürieren – sie schmeckt auch mit Fruchtstückchen sehr lecker.
Natürlich können Sie auch Einmachgläser mit passenden Gummis und Klammern zum Aufbewahren der Konfitüre nehmen.

Ein Muss im
Sommer

freche Früchtchen

Hagebuttenkonfitüre

Für 2 Twist-off-Gläser
à ca. 400 ml Inhalt
600 g Hagebutten
2 Vanilleschoten
ca. 500 g Gelierzucker 2 : 1
feines Meersalz

Zubereitung: ca. 1 Stunde

1. Die Hagebutten waschen und halbieren. Alle Kerne und die kleinen Härchen mithilfe eines Espressolöffels entfernen. Die Vanilleschoten längs aufschneiden und jeweils das Mark mit einem spitzen Messer herauskratzen.

2. Die Hagebutten mit ½ l Wasser sowie dem Vanillemark in einem Topf aufkochen und offen 5 bis 7 Minuten leicht köcheln lassen. Die Mischung im Topf mit dem Stabmixer fein pürieren. Bei Bedarf noch bis zu 200 ml Wasser untermixen, die Masse sollte flüssig sein. Die Hagebuttenmasse durch ein feines Sieb streichen, um Kernreste zu entfernen.

3. Das Hagebuttenpüree abwiegen und die halbe Menge Gelierzucker hinzufügen, also z.B. 500 g Hagebuttenpüree mit 250 g Gelierzucker verrühren. Die Masse mit 1 Prise Meersalz in einem Topf unter ständigem Rühren aufkochen und 5 Minuten köcheln lassen.

4. Die Hagebuttenkonfitüre in saubere Gläser füllen, am besten mithilfe eines Marmeladentrichters, und die Gläser sofort verschließen. Die Gläser umdrehen, sodass sie auf dem Deckel stehen, und vollständig abkühlen lassen. Die Marmelade ist an einem kühlen und dunklen Ort aufbewahrt ohne größere Qualitätsverluste mindestens 1 Jahr haltbar.

Tipp

Hagebutten sind die Schätze des Spätsommers – sie enthalten enorm viel Vitamin C und machen sich nicht nur deswegen super in dieser Konfitüre: Eben für das erste Extra des Tages!

Zwetschgenkompott

〜〜〜〜〜〜〜〜〜〜〜〜〜〜〜〜〜〜〜〜〜

Für 4 Einmachgläser à 500 ml Inhalt

Für das Kompott:
100 g Zucker
2 Vanilleschoten
500–600 g Zwetschgen
1 Zweig Rosmarin
2 Zimtstangen

Außerdem:
Einmachgummis und -klammern
für die Gläser

Zubereitung: ca. 40 Minuten
Einkochen: mind. 55 Minuten

1. Für das Kompott bzw. den Fond 750 ml Wasser mit dem Zucker in einem Topf verrühren. Die Vanilleschoten längs aufschneiden, das Mark mit einem spitzen Messer herauskratzen und zum Zuckerwasser geben. Die Schoten jeweils quer halbieren und ebenfalls in den Topf geben. Die Mischung aufkochen, bis sich der Zucker aufgelöst hat. Vom Herd nehmen und lauwarm abkühlen lassen.

2. Die Zwetschgen waschen und die Stiele entfernen. In einem großen Topf Wasser zum Kochen bringen und die Zwetschgen darin portionsweise blanchieren. Dazu jeweils einige Früchte in einem Sieb etwa 20 Sekunden ins Wasser tauchen, herausheben und kurz abtropfen lassen. Die Haut mit einem scharfen Messer abziehen.

3. Die Zwetschgen halbieren und entsteinen. Nach Belieben für einen intensiveren Geschmack, 4 Steine vorsichtig mit einem Fleischklopfer zerschlagen und die weichen inneren Kerne herauslösen. Den Rosmarin waschen, trocken tupfen und in 4 Stücke schneiden. Die Zimtstangen jeweils halbieren. Die Zwetschgen jeweils mit 1 weichen Innenkern, 1 Rosmarinstück, ½ Zimtstange und 1 Stück Vanilleschote aus dem Fond in die Gläser schichten.

4. Den Backofen auf 160 °C Umluft vorheizen. Den Fond jeweils bis etwa 1½ cm unterhalb des Randes in die Gläser einfüllen. Die Gläser mit Gummis, Deckeln und Klammern verschließen.

5. Ein tiefes Backblech mit Küchenpapier auslegen und die Gläser daraufstellen. Das Blech in den Ofen schieben und so viel kaltes Wasser angießen, dass die Gläser 2 cm hoch darin stehen. Die Gläser im Ofen auf der untersten Schiene erhitzen, bis die Flüssigkeit darin zu perlen beginnt – das dauert mindestens 30 Minuten. Das Kompott ab diesem Zeitpunkt dann noch etwa 25 Minuten einkochen und sterilisieren.

6. Die Gläser vorsichtig aus dem Ofen nehmen und mit einem Küchentuch bedeckt bei Zimmertemperatur vollständig abkühlen lassen. Erst dann die Klammern entfernen. Das Zwetschgenkompott ist an einem kühlen und dunklen Ort aufbewahrt ohne größere Qualitätsverluste mindestens 1 Jahr haltbar.

Bratapfelkompott von Gartenäpfeln

1. Den Backofen auf 190°C Ober-/Unterhitze vorheizen. Für das Kompott die Äpfel waschen, vierteln und die Kerngehäuse entfernen. Die Apfelviertel in eine ofenfeste Form legen. Den Zucker, das Zimtpulver, 1 Prise Meersalz und die Butter in Stückchen gleichmäßig darauf verteilen und den Apfelsaft angießen.

2. Die Äpfel im Ofen auf der mittleren Schiene zunächst 20 Minuten braten. Dann mit dem Pfannenwender oder Kochlöffel durchrühren und weitere 10 bis 15 Minuten braten, währenddessen noch mehrmals durchrühren. Die Äpfel probieren – sie sollen schön weich sein und im Mund musig zerfallen – und bei Bedarf noch einige Minuten länger braten.

3. Das Kompott nach Belieben mit Zucker, Zitronensaft und Zimt abschmecken. Die Äpfel nach Belieben stückig lassen oder mit dem Stabmixer fein pürieren und zum Entfernen der Schalen durch ein Sieb streichen oder durch die Passiermühle drehen.

4. Das Apfelkompott in das saubere Glas füllen, dieses fest verschließen und das Kompott abkühlen lassen. Das Kompott ist im Kühlschrank gelagert etwa 2 Wochen haltbar. Es schmeckt hervorragend zu Milchreis, Kartoffelnudeln oder Grießbrei oder ist die perfekte Füllung für die Apfelmus-Crumbles (siehe S. 70).

Für 1 Twist-off-Glas à 750 ml Inhalt

Für das Kompott:
500 g säuerliche Bio-Äpfel
(z.B. Boskop)
120 g Zucker
1 gestrichener TL Zimtpulver
feines Meersalz
60 g Butter
50 ml naturtrüber Apfelsaft

Außerdem:
Zucker, Zitronensaft und Zimtpulver
zum Abschmecken

Zubereitung: ca. 30 Minuten
Backen: ca. 35 Minuten

Zitronen-Melisse-Sirup

1. Am Vortag den Zucker mit 600 ml Wasser in einem Topf aufkochen, bis er sich aufgelöst hat. Den Sirup lauwarm abkühlen lassen.

2. Inzwischen die Melisse und die Minze waschen und trocken schütteln. Die Zitrone heiß waschen, trocken reiben und in Scheiben schneiden. Melisse, Minze und Zitronenscheiben in den lauwarmen Sirup geben. Alles zugedeckt bei Zimmertemperatur etwa 24 Stunden ziehen lassen.

3. Am nächsten Tag den Sirup durch ein Sieb und einen Trichter in die saubere Flasche gießen. Die Flasche gut verschließen und den Sirup bis zur Verwendung im Kühlschrank aufbewahren, dort hält er sich mindestens 2 Wochen. Zum Servieren jeweils 1 Schuss Sirup in ein Glas geben und mit Mineralwasser aufgießen.

Für 1 Flasche à 1 l Inhalt
400 g Zucker
100 g Zitronenmelisse
2 Zweige Echte Pfefferminze
50 g Bio-Zitrone (ca. ½ Zitrone)

Zubereitung: ca. 20 Minuten
Ziehen: ca. 24 Stunden

Waldmeistersirup

Für 3 Flaschen à ½ l Inhalt
1 Bund Waldmeister (15–20 Stängel)
10 g Zitronensäure
2 Bio-Zitronen in Scheiben
1 kg Zucker

Zubereitung: ca. 20 Minuten
Ziehen: ca. 24 Stunden

1. Den Waldmeister waschen und mit 1 l Wasser und der Zitronensäure in einem Topf aufkochen. Inzwischen die Zitronen heiß waschen, trocken reiben, in dünne Scheiben schneiden und in eine große Schüssel oder eine Karaffe geben. Das Waldmeisterwasser mitsamt dem Waldmeister über die Zitronenscheiben gießen und alles 24 Stunden abgedeckt ziehen lassen.

2. Die Waldmeistermischung durch ein Sieb abgießen, dabei die Flüssigkeit in einer Schüssel auffangen. Den Zucker unterrühren, bis er sich aufgelöst hat.

3. Den Sirup in saubere Flaschen abfüllen, gut verschließen und kühl aufbewahren. Für eine erfrischende Waldmeisterschorle 1 Schuss Sirup in ein Glas geben und mit Sprudelwasser aufgießen. Oder Sekt mit 1 Schuss Sirup als Aperitif reichen.

Uromas Walnusslikör

Für 2 Flaschen à 750 ml Inhalt
20 unreife, grüne Walnüsse
(Ende Juni pflücken; siehe Tipp)
2 Gewürznelken
½ Zimtstange
750 ml Weingeist
(96 %; z.B. aus der Apotheke)
375 g Zucker

Zubereitung: ca. 20 Minuten
Ziehen: 6 Wochen

1. Die Walnüsse waschen und trocken reiben. Die Nüsse mit einem Metall- oder Schaschlikspieß jeweils zehnmal vollständig durchstechen, in ein Bowlen-Glas (oder ein anderes großes Glas) legen und mit etwa 750 ml Wasser bedecken. Die Nüsse zugedeckt 14 Tage an einem kühlen Ort ziehen lassen, währenddessen im Abstand von 2 Tagen das Wasser abgießen und durch frisches Wasser ersetzen.

2. Nach den 14 Tagen Ziehzeit, die Nüsse in ein Sieb abgießen und trocken tupfen. Das Bowlen-Glas säubern und gut abtrocknen. Nüsse wieder in das Glas legen, Nelken und Zimt dazugeben und alles mit dem Alkohol auffüllen, sodass alles gut bedeckt ist. An einem sonnigen Ort am Fenster 4 Wochen durchziehen lassen.

3. Nach den 4 Wochen den Zucker mit 750 ml Wasser aufkochen und vollständig abkühlen lassen. Die Nussmischung durch ein Sieb abgießen, dabei den Alkohol auffangen (die Nüsse wegwerfen). Den Alkohol gut mit dem kalten Zuckersirup verrühren. Den Likör in Flaschen füllen und diese fest verschließen. Der Likör ist mindestens 2 Jahre haltbar, je länger er steht, desto aromatischer wird er.

Tipp

Die grünen Walnüsse für den Likör dürfen im Innern noch keine Schale gebildet haben, damit sie sich durchstechen lassen. Am besten erntet man die Nüsse Ende Juni – je nach Witterung kann sich die Erntezeit um 1 bis 2 Wochen verschieben.

Fix gemacht ...

... und superlecker

Holunder-Birnen-Kompott

**Für 3 Twist-off-Gläser
à 450 ml Inhalt**

500 g feste Birnen
Saft von 1 Zitrone
500 g schwarze Holunderbeeren
1 Vanilleschote
50 g Gelierzucker 2:1
100 g Zucker
1 Zimtstange
¼ TL Zimtpulver
4 cl Zwetschgenwasser
300 ml naturtrüber Apfelsaft

**Zubereitung: ca. 1 Stunde
Marinieren: ca. 12 Stunden**

1. Am Vortag die Birnen schälen, halbieren und die Kerngehäuse entfernen. Die Birnenhälften in dünne Spalten schneiden und in einer großen Schüssel mit dem Zitronensaft beträufeln. Die Holunderbeeren waschen und gut abtropfen lassen, die Beeren von den Stielen zupfen und zu den Birnen geben.

2. Die Vanilleschote längs aufschneiden und das Mark mit einem spitzen Messer herauskratzen. Vanilleschote sowie -mark, Gelierzucker, Zucker, Zimtstange, Zimtpulver und Zwetschgenwasser zur Birnen-Holunder-Mischung geben. Alles vorsichtig mischen und zugedeckt im Kühlschrank 12 Stunden, am besten über Nacht, durchziehen lassen.

3. Am nächsten Tag das marinierte Obst mit dem Apfelsaft in einen Topf geben und unter häufigem Rühren aufkochen. Dann bei schwacher Hitze 10 bis 15 Minuten unter mehrmaligem Umrühren köcheln lassen.

4. Das Holunder-Birnen-Kompott sofort in saubere Twist-off-Gläser füllen, am besten mithilfe eines Marmeladentrichters. Die Gläser gut verschließen und umdrehen, sodass sie auf dem Deckel stehen, und abkühlen lassen. Das Kompott ist an einem kühlen und dunklen Ort aufbewahrt ohne größere Qualitätsverluste mindestens 1 Jahr haltbar.

Weißes Holunderblütengelee

1. Am Vortag in einem großen Topf 1 l Wasser zum Kochen bringen, dann den Topf vom Herd nehmen. Die Holunderblütendolden gründlich verlesen, dabei vertrocknete Blüten und evtl. verbliebene Insekten entfernen – die Dolden nicht waschen, denn der Blütenstaub sorgt für den genialen Geschmack des Gelees. Die Blüten mit einer Schere von den Stielen schneiden, in das heiße Wasser geben und zugedeckt etwa 12 Stunden, am besten über Nacht, ziehen lassen.

2. Die Zitrone heiß waschen, trocken reiben und in dünne Scheiben schneiden. Ein Sieb auf einen Trichter legen und mit einem Passiertuch auslegen. Die sauberen Gläser mit Deckel bereitstellen, den Trichter auf eines der Gläser setzen. Ein sauberes, feuchtes Küchentuch bereithalten.

3. Das Holunderblütenwasser durch ein Sieb in einen zweiten Topf gießen. Gelierzucker, Essig, Zitronensäure und Zitronenscheiben in das Holunderblütenwasser legen. Alles aufkochen und offen 5 Minuten kochen lassen.

4. Die Geleeflüssigkeit mit einem Schöpflöffel portionsweise durch das Sieb laufen lassen, bis das Glas gut gefüllt ist. Den Trichter samt Sieb und Passiertuch auf das nächste Glas setzen. Flüssigkeit, die eventuell am Rand des gefüllten Glases danebengelaufen ist, mit dem feuchten Tuch entfernen, und das Glas sofort mit dem Deckel fest verschließen – Achtung, das gefüllte Glas ist sehr heiß, eventuell mit einem Tuch festhalten! Auf diese Weise nacheinander die Gläser füllen.

5. Die Gläser umdrehen, sodass sie auf dem Deckel stehen, und vollständig abkühlen lassen. Das Gelee ist an einem kühlen und dunklen Ort aufbewahrt ohne größere Qualitätsverluste mindestens 1 Jahr haltbar.

Für 4 Twist-off-Gläser
à ca. 400 ml Inhalt
150 g Holunderblütendolden
½ Bio-Zitrone
500 g Gelierzucker 2:1
2 EL milder Weißweinessig
5 g Zitronensäure

Zubereitung: ca. 1 Stunde
Ziehen: ca. 12 Stunden

Tipp

Für das Abfüllen der Geleeflüssigkeit ist man am besten zu zweit: Während der eine das gefüllte Glas verschließt, kann der andere bereits das nächste befüllen.

Rosenheimer Sommer-Vanillebirnen

Für 3–4 Einmachgläser (à 1 l Inhalt)

Für die Birnen:
3–4 Vanilleschoten
300 g Zucker
Saft von 3 Zitronen
8–10 feste Birnen
(ca. 1½ kg; z.B. Williams Christ)
ca. 2 Zimtstangen

Außerdem:
Einmachgummis und -klammern
für die Gläser

Zubereitung:
ca. 1 Stunde 30 Minuten
Abkühlen: 24 Stunden
Einkochen: mind. 1 Stunde

1. Am Vortag für den Fond die Vanilleschoten längs aufschneiden und das Mark mit einem spitzen Messer herauskratzen. Vanilleschoten und -mark mit 2 l Wasser sowie dem Zucker in einen Topf geben. Den Fond aufkochen, dann zugedeckt 24 Stunden ziehen lassen.

2. Am nächsten Tag den Zitronensaft mit etwa 2 l Wasser in einer großen Schüssel verrühren. Die Birnen schälen, halbieren und die Kerngehäuse entfernen. Fertige Birnenhälften sofort in das Zitronenwasser legen, damit sie nicht braun werden.

3. Den Backofen auf 160 °C Umluft vorheizen. Die Zimtstangen halbieren. Die Birnen in saubere Gläser verteilen und jeweils ½ Zimtstange sowie 1 ausgekratzte Vanilleschote dazugeben. Den Fond bis etwa 1½ cm unterhalb des Randes in die Gläser einfüllen. Die Gläser mit Gummis, Deckeln und Klammern verschließen.

4. Ein tiefes Backblech mit Küchenpapier auslegen und die gefüllten Gläser daraufstellen. Das Blech in den Ofen schieben und so viel kaltes Wasser angießen, dass die Gläser 2 cm hoch darin stehen. Die Gläser im Ofen auf der untersten Schiene erhitzen, bis die Flüssigkeit darin zu perlen beginnt – das dauert mindestens 30 Minuten. Ab diesem Zeitpunkt noch etwa 30 Minuten einkochen und sterilisieren.

5. Die Gläser vorsichtig aus dem Ofen nehmen und mit einem Küchentuch bedeckt bei Zimmertemperatur vollständig abkühlen lassen. Erst dann die Klammern entfernen. Die Birnen sind an einem kühlen und dunklen Ort aufbewahrt ohne größere Qualitätsverluste mindestens 1 Jahr haltbar. Sie schmecken hervorragend zu Kaiserschmarren (siehe S. 108), Semmelschmarren (siehe S. 104), Hefegebäck oder Milchreis.

Tipp

Diese sensationellen eingelegten Birnen habe ich als Kind immer bei meiner Oma gegessen – am liebsten zu Hefeplinsen. Die Birnen dafür wuchsen in ihrem eigenen Garten!

Franzis Gewürzorangen

Für 1 Einmachglas von ca. 1 l Inhalt

3 große Bio-Orangen
150 ml Weißwein
100 ml weißer Portwein
100 g Zucker
1 Sternanis
Mark von ½ Vanilleschote
4 Kardamomkapseln
(mit dem Messer angedrückt)
1 kleine Zimtstange
200 g Honig
100 ml Orangenlikör
(z.B. Grand Marnier)

Zubereitung: ca. 30 Minuten
Ziehen: 1–4 Wochen

1. Die Orangen heiß waschen und trocken reiben. Von 2 Orangen die Schale mit einem Zestenreißer abschälen, alternativ die Schale mit einem Messer dünn abschälen und in feine Streifen schneiden.

2. Die Orangenzesten mit Weißwein, Portwein, Zucker, Sternanis, Vanillemark, Kardamom, Zimtstange sowie 100 ml Wasser in einem Topf aufkochen und dann zugedeckt etwa 10 Minuten leicht köcheln lassen. Den Topf vom Herd nehmen und den Fond lauwarm abkühlen lassen.

3. Inzwischen alle Orangen so großzügig schälen, dass auch die weiße Haut mit entfernt wird. Den Strunk vorsichtig mit einem Kernhausausstecher entfernen oder mit einem langen, dünnen Messer herausschneiden. Die Orangen im Ganzen in das saubere Glas schichten.

4. Den Honig sowie den Orangenlikör zum lauwarm abgekühlten Fond geben und alles verrühren, bis sich der Honig vollständig aufgelöst hat. Den Fond über die Orangen gießen, sodass diese bedeckt sind. Das Glas gut verschließen und die Orangen mindestens 1 Woche, besser jedoch 2 bis 4 Wochen, durchziehen lassen. An einem kühlen Ort sind sie bis zu 2 Monate haltbar.

Die Gewürzorangen passen bestens zu meinem Süßkartoffel-Orangen-Kuchen (siehe S. 108), zu Mousse au chocolat oder auch zu Mehlspeisen wie Kaiserschmarren (siehe S. 108) oder Hefeplinsen (siehe S. 107).

Rosa Quittengelee

〜〜〜〜〜〜〜〜〜〜〜〜〜〜〜〜〜〜〜〜

1. Am Vortag die Quitten schälen und mit einem scharfen Messer vierteln, dabei die Kerngehäuse entfernen. Fruchtfleisch in kleine Würfel schneiden. Mit Wein, Vitamin-C-Pulver, Nelke, Zimtstange und 700 ml Wasser zugedeckt bei schwacher Hitze etwa 1 Stunde köcheln lassen.

2. Inzwischen ein Sieb in eine Schüssel hängen und mit einem Passiertuch auslegen. Die Quitten mit dem Stabmixer kurz anpürieren, in das vorbereitete Sieb geben und zugedeckt an einem kühlen Ort über Nacht den Saft abtropfen lassen.

3. Am nächsten Tag den aufgefangenen Quittensaft abwiegen, in einen Tof geben und die halbe Menge Gelierzucker hinzufügen, also z.B. 500 g Quittensaft mit 250 g Gelierzucker verrühren. Die Hagebuttenteebeutel hineingeben und alles unter ständigem Rühren aufkochen und 5 Minuten köcheln lassen. Die Teebeutel entfernen.

4. Die Flüssigkeit in saubere Gläser füllen, am besten mithilfe eines Trichters, und die Gläser sofort verschließen. Die Gläser umdrehen, sodass sie auf dem Deckel stehen, und vollständig abkühlen lassen. Das Gelee ist mindestens 1 Jahr haltbar.

Für 2 Twist-off-Gläser
à ca. 400 ml Inhalt
500 g Quitten
200 ml Weißwein
1 TL Vitamin-C-Pulver (Ascorbin-
säure, aus der Apotheke)
1 Gewürznelke
½ Zimtstange
ca. 500 g Gelierzucker 2:1
2 Beutel Hagebuttentee

Zubereitung: ca. 1 Stunde
Kochen: ca. 1 Stunde
Entsaften: 12 Stunden

Bester Himbeersaft der Welt

〜〜〜〜〜〜〜〜〜〜〜〜〜〜〜〜〜〜〜〜

1. Himbeeren verlesen und in das Fruchtsieb des Dampfentsafters füllen. Den Wasserbehälter des Dampfentsafters nach Herstellerangabe mit Wasser füllen und den Aufsatz zum Saftabzapfen daraufsetzen. Dabei darauf achten, dass der Gummischlauch fest sitzt und mit der Klemme verschlossen ist.

2. Das Fruchtsieb mit den Himbeeren einsetzen, Beeren mit dem Zucker bestreuen. Das Wasser im Topf zum Kochen bringen und die Beeren entsaften – durch den Wasserdampf platzen die Zellwände der Früchte auf und der Saft fließt in den Saftauffangtopf. Ab Kochen des Wassers dauert der Entsaftungsvorgang etwa 30 Minuten (bei gemischten Beeren etwas länger). Währenddessen die Flasche reinigen und sterilisieren, z.B. bei 100°C im Backofen 10 Minuten erhitzen. Den Saft mithilfe des Schlauchs direkt aus dem Topf in die Flasche abfüllen. Die Flasche gut verschließen und den Saft bei Zimmertemperatur abkühlen lassen.

Für 1 Flasche mit ca. 750 ml Inhalt

Für den Saft:
1 kg Himbeeren (oder Himbeeren
und Johannisbeeren gemischt)
100 g Zucker

Außerdem:
Dampfentsafter

Zubereitung: ca. 15 Minuten
Entsaften: ca. 30 Minuten

Gelbe Tomatenkonfitüre

**Für 4 Twist-off-Gläser
à 250–300 ml Inhalt**
500 g gelbe Tomaten
1 Stück junger Lauch (40 g)
1 gelbe Peperoni
4 EL Olivenöl
500 g Gelierzucker 1:1 oder
250 g Gelierzucker 2:1
(je nach gewünschter Süße)
feines Meersalz
4 EL weißer Champagneressig
4 EL Zitronensaft

Zubereitung: ca. 30 Minuten

1. Die Tomaten waschen und in kleine Würfel schneiden, dabei die Stielansätze entfernen. Den Lauch waschen und in feine Ringe schneiden. Die Peperoni längs halbieren, entkernen, waschen und in feine Würfel schneiden.

2. Das Olivenöl in einem Topf bei mittlerer Hitze erwärmen und den Lauch darin hell andünsten. Tomaten, Gelierzucker, Peperoni, und 1 Prise Meersalz hinzufügen und mit dem Essig ablöschen. Den Zitronensaft dazugeben und alles offen etwa 3 Minuten unter ständigem Rühren köcheln lassen.

3. Die Tomatenmasse in saubere Gläser füllen, am besten mithilfe eines Marmeladentrichters, und die Gläser sofort verschließen. Die Gläser umdrehen, sodass sie auf dem Deckel stehen, und vollständig abkühlen lassen. Die Marmelade ist an einem kühlen und dunklen Ort aufbewahrt ohne größere Qualitätsverluste mindestens 1 Jahr haltbar.

Kürbis-Aprikosen-Chutney

**Für 6 Twist-off-Gläser
à 220 ml Inhalt**
400 g Muskatkürbis
150 g Aprikosen
100 g Schalotten
20 g frischer Ingwer
60 g eingelegter Ingwer
1 kleine rote Chilischote
4 EL Olivenöl
80 ml Weißweinessig
200 ml Weißwein
8 EL Waldhonig
feines Meersalz

Zubereitung: ca. 1 Stunde

1. Den Kürbis schälen und entkernen. Das Fruchtfleisch in etwa 1 cm große Würfel schneiden. Die Aprikosen waschen, halbieren, entsteinen und klein schneiden. Die Schalotten sowie den frischen Ingwer schälen und in feine Würfel schneiden. Den eingelegten Ingwer ebenfalls klein würfeln. Die Chilischote längs halbieren, entkernen, waschen und klein würfeln.

2. Das Olivenöl in einem Topf erhitzen und die Schalottenwürfel darin hell andünsten. Kürbis, beide Ingwersorten, Chili, Essig, Wein, Honig und 1 Prise Meersalz hinzufügen. Alles zugedeckt etwa 10 Minuten unter häufigem Rühren köcheln lassen. Die Aprikosen hinzufügen und die Masse weitere 5 Minuten köcheln lassen.

3. Die Chutneymasse in saubere Gläser füllen, am besten mithilfe eines Marmeladentrichters, und die Gläser sofort verschließen. Die Gläser umdrehen, sodass sie auf dem Deckel stehen, und vollständig abkühlen lassen. Das Chutney ist an einem kühlen und dunklen Ort aufbewahrt ohne größere Qualitätsverluste mindestens 1 Jahr haltbar. Das Chutney passt als Beilage zu Hähnchen oder Steak und kann zum verfeinern von Salatdressings verwendet werden.

Aromatische Tomaten sind bei dieser Konfitüre das A und O – deswegen nur ganz reife Tomaten dafür verwenden.

Eingeweckte Gartengurken

~~~~~~~~~~~~~~~~~

Für 4 Einmachgläser à 500 ml Inhalt

Für die Gurken:
5 Salatgurken
feines Meersalz

Für den Fond:
2 l Weißweinessig
500 g Zucker
110 g feines Meersalz
1 Scheibe Ingwer

Für die Gewürzmischung:
1 große braune Zwiebel
2 rote Zwiebeln
3 Spitzpaprikaschoten
6 milde Peperoni
2 milde rote Chilischoten
6 Stiele Dill
6 EL Senfkörner
6 Lorbeerblätter
12 Gewürznelken

Außerdem:
Einmachgummis und -klammern
für die Gläser

Zubereitung: ca. 1 Stunde
Ziehen: 24 Stunden
Einkochen: mind. 55 Minuten

1. Am Vortag die Gurken nach Belieben schälen, längs halbieren und mit einem Teelöffel die Kerne entfernen. Die Gurken in einer großen Schüssel mit Meersalz bestreuen und zugedeckt 24 Stunden im Kühlschrank ziehen lassen.

2. Ebenfalls am Vortag für den Fond den Essig mit 2 l Wasser, Zucker, Meersalz und Ingwer in einem Topf aufkochen und anschließend abkühlen lassen.

3. Am nächsten Tag für die Gewürzmischung alle Zwiebeln schälen und in dünne Ringe schneiden. Paprikaschoten, Peperoni und Chilischoten längs halbieren, entkernen, waschen und in Streifen schneiden. Den Dill waschen und trocken schütteln. Die vorbereiteten Zutaten locker mit Senfkörnern, Lorbeerblättern und Nelken vermischen.

4. Den Backofen auf 160 °C Umluft vorheizen. Die Gurken in einem Sieb abtropfen lassen. Dann in Stücke schneiden, die hochkant in die Einmachgläser passen, sodass unterhalb des Glasrandes noch etwa 2 cm Platz ist. Die Gurkenstücke mit der Gewürzmischung locker in die Einmachgläser verteilen. Den Fond bis etwa 1½ cm unterhalb des Glasrandes einfüllen. Die Gläser mit Gummis, Deckeln und Klammern verschließen.

5. Ein tiefes Backblech mit Küchenpapier auslegen und die gefüllten Gläser daraufstellen. Das Blech in den Ofen schieben und so viel kaltes Wasser angießen, dass die Gläser 2 cm hoch darin stehen. Die Gläser im Ofen auf der untersten Schiene erhitzen, bis die Flüssigkeit im Glas zu perlen beginnt – das dauert mindestens 30 Minuten. Ab diesem Zeitpunkt dann noch etwa 25 Minuten einkochen und sterilisieren.

6. Die Gläser vorsichtig aus dem Ofen nehmen und mit einem Küchentuch bedeckt bei Zimmertemperatur vollständig abkühlen lassen. Erst dann die Klammern entfernen.

~~~~~~~~~~~~ **Tipp** *~~~~~~~~~~~~*

Die eingelegten Gurken sind das Highlight bei jeder Brotzeit. Einfach eine Scheibe Fürstätter Krustenbrot (siehe S. 162) mit etwas Wurst und Käse dazu – fertig ist der Brotzeitteller!

Petersilienpesto mit Pistazien

Für 2 Twist-off-Gläser à 150 ml Inhalt

1 EL Sonnenblumenöl
40–60 g Pistazienkerne
160 g Petersilie
40 g Pecorino
(ital. Hartkäse aus Schafmilch)
80 g Parmesan
ca. ¼ l Olivenöl
10 g grobes Meersalz
abgeriebene Schale von
1 Bio-Zitrone
2 EL Zitronensaft

Zubereitung: ca. 20 Minuten

1. Das Sonnenblumenöl in einer Pfanne erwärmen und die Pistazien darin bei schwacher Hitze leicht rösten. Anschließend auf Küchenpapier abtropfen und abkühlen lassen. Die Petersilie waschen und trocken schleudern. Pecorino und Parmesan in grobe Stücke schneiden.

2. Petersilie, beide Käsesorten, Pistazien, 200 ml Olivenöl, Meersalz, Zitronenschale und -saft im Mixer auf höchster Stufe nach Belieben fein oder grob pürieren.

3. Das Pesto in saubere Gläser füllen und vollständig mit dem restlichen Olivenöl bedecken. Die Gläser gut verschließen und das Pesto im Kühlschrank aufbewahren. Eventuell die Gläser mit Alufolie umwickeln, dann hält das Pesto die grüne Farbe länger. Wird das Pesto nach dem Entnehmen immer wieder vollständig mit Öl bedeckt, hält es sich im Kühlschrank etwa 6 Monate.

Das Pesto schmeckt ganz klassisch zu Spaghetti, Gnocchi oder Fingernudeln. Auch als kleiner Klecks auf einer Kartoffelsuppe macht es sich sehr gut.

Klassisches Bärlauchpesto

1. Das Sonnenblumenöl in einer Pfanne erwärmen und die Pinienkerne darin bei schwacher Hitze goldbraun rösten. Anschließend auf Küchenpapier abtropfen und abkühlen lassen.

2. Den Bärlauch waschen, von groben Stielen befreien und trocken schleudern. Mit Pinienkernen, Olivenöl, Meersalz und grob zerbröckeltem Parmesan im Mixer fein pürieren.

3. Das Pesto in saubere Gläser füllen und vollständig mit Olivenöl bedecken. Die Gläser gut verschließen und das Pesto im Kühlschrank aufbewahren. Eventuell die Gläser mit Alufolie umwickeln, dann hält das Pesto die grüne Farbe länger. Wird das Pesto nach dem Entnehmen immer wieder vollständig mit Öl bedeckt, hält es sich im Kühlschrank etwa 6 Monate.

Tipp

Das Pesto passt super zu allen Nudel- und Kartoffelgerichten, als Topping von Suppen und als Beilage zu Ofenkürbis oder gebratenem Fisch.

Für 1 Glas von 400 ml Inhalt
1 EL Sonnenblumenöl
20 g Pinienkerne
150 g Bärlauch
120 ml Olivenöl
6 g feines Meersalz
(ca. 1 leicht geh. TL)
70 g Parmesan
Olivenöl zum Bedecken

Zubereitung: ca. 20 Minuten

Fix gemacht

auch für Anfänger geeignet

Franzis Kräuterbutter

Für 10 Portionen
5 g Dill • 5 g Schnittlauch
10 g Petersilie • 10 g Majoran
5 g Oregano • 10 g Basilikum
1 Zweig Thymian • 1 Zweig Rosmarin
250 g weiche Butter
abgeriebene Schale von
1 Bio-Zitrone
2 EL Zitronensaft
5 g feines Meersalz (ca. 1 TL)

Für die Deko:
etwas Sauerklee und Kräuter
nach Belieben

Zubereitung: ca. 20 Minuten
Kühlen: mind. 3 Stunden

1. Alle Kräuter waschen und trocken schleudern. Die Blätter beziehungsweise Nadeln von den Stielen zupfen und mit Butter, Zitronenschale sowie -saft und dem Meersalz im Mixer fein pürieren.

2. Die Butter etwa 1 cm dick auf ein Stück Frischhaltefolie streichen und mithilfe der Folie zu einer Rolle formen. Eingewickelt in der Folie mindestens 3 Stunden kühl stellen, am besten über Nacht.

Tipp

Wer die Butter in dekorativen Formen auf den Tisch bringen möchte, pinselt kleine Förmchen mit Öl aus und legt sie mit Frischhaltefolie aus. Dann die weiche Butter einfüllen und mindestens 3 Stunden in das Tiefkühlfach stellen. Die Butter lässt sich dann ganz leicht stürzen. Wer eine größere Buttermenge für ein Fest benötigt, kann diese auch auf einem mit Frischhaltefolie ausgelegtem Backblech verstreichen, mit Folie abdecken, kühl stellen und dann mit Ausstechern Ornamente oder Figuren ausstechen.

Kräuter-Topfen-Brotaufstrich

Für 4 Portionen
6 EL Noilly Prat (franz. Wermut)
2 EL Zitronensaft
2 EL Madras-Currypulver
1 Bund Schnittlauch
je 2 Stiele Petersilie und Basilikum
1 Zweig Zitronenthymian
2 Möhren
500 g Topfen oder Magerquark
4 EL Olivenöl
feines Meersalz
Pfeffer aus der Mühle
Kräuter zum Dekorieren
(nach Belieben)

Zubereitung: ca. 20 Minuten

1. Den Noilly Prat mit dem Zitronensaft und dem Currypulver in einem Topf einmal aufkochen lassen. Vom Herd nehmen und abkühlen lassen.

2. Schnittlauch, Petersilie, Basilikum sowie Thymian waschen und trocken schütteln. Den Schnittlauch in feine Röllchen schneiden. Die Blätter von der Petersilie, dem Basilikum sowie dem Thymian abzupfen und fein schneiden. Die Möhren putzen, schälen und fein raspeln.

3. Den Topfen in einer Schüssel mit den geschnittenen Kräutern, den Möhren, dem Olivenöl, ½ TL Salz und 3 Umdrehungen Pfeffer aus der Mühle verrühren. Zum Schluss die Currypaste unterrühren. In eine Servierschüssel umfüllen und nach Belieben mit Kräutern dekorieren.

Feiner Streich

*Kräutergenuss
hoch zwei*

Mein Back-ABC

Abkühlen

Ich ziehe immer alles, was aus dem Backofen kommt, sofort auf ein Kuchengitter oder einen Ofenrost. So kann der beim Abkühlen entstehende Dampf auch gut unter der Form oder unter dem frischen Backwerk abziehen und das Gebäckstück wird nicht speckig oder feucht.

Backformen austauschen

Nicht immer hat man die im Rezept angegebene Backform im Schrank stehen. Suchen Sie sich dann die Form aus, die den Angaben am nächsten kommt. Denken Sie dabei auch an die Höhe – denn auch wenn der Durchmesser stimmt ist z.B. eine flache Tarteform ungeeignet, um darin einen hohen Käsekuchen zu backen. Sollte einmal Kuchenmasse übrig bleiben, weil die Form zu klein ist, fülle ich den Teig in eine kleine Portionsform oder in Papierbackförmchen für Muffins und backe die Minikuchen gleich mit – denken Sie jedoch daran, dass die kleinen Kuchen eine wesentlich kürzere Backzeit haben und nehmen Sie sie früher aus dem Backofen!

Backformen fetten

Auch wenn die Formen noch so gut beschichtet sind: Ich fette sie immer mit Butter ein und stäube sie dünn mit Mehl aus. Überschüssiges Mehl entferne ich durch leichtes Klopfen auf die umgedrehte Form, sodass wirklich nur ein hauchdünner Mehlbelag zurückbleibt. So flutscht der Kuchen in der Regel problemlos aus der Form!

Butter

Ich lege die Butter immer schon am Abend vor dem Backen aus dem Kühlschrank, damit sie Zimmertemperatur annehmen kann und schön weich ist. So lässt sie sich wunderbar hell und cremig aufschlagen oder mit anderen Zutaten verkneten.

Eischnee

Fettfrei muss es zugehen, wenn aus Eiweiß voluminöser und luftiger Eischnee werden soll. Verwenden Sie deshalb nur saubere Schüsseln und Quirle zum Aufschlagen und achten Sie darauf, dass beim Trennen der Eier kein Eigelb ins Eiweiß gelangt. Nehmen Sie die Eier außerdem etwa 1 Stunde vorher aus dem Kühlschrank, damit sie die optimale Aufschlagtemperatur zwischen 15 und 20°C annehmen. Zum Schlagen sollten Sie dann maximal die mittlere Stufe wählen, denn durch zu schnelles Quirlen entstehen viele instabile Luftbläschen, die dann schnell wieder zusammenfallen.

Garzustand erkennen

Jeder Backofen backt etwas anders. Vertrauen Sie deshalb nicht nur auf die in den Rezepten angegebenen Backzeiten, sondern beurteilen Sie immer wieder auch anhand eines Blickes durch das Backofenfenster: Ist das Gebäck gut aufgegangen? Sieht es noch blass aus oder ist es schon schön gebräunt? Ist die Oberfläche trocken oder sieht sie noch glänzend und feucht aus? So entwickeln Sie mit der Zeit ein Auge dafür, wie welcher Kuchen nach dem Backen aussehen sollte.

Geröstete Nüsse

Nüsse schmecken besonders aromatisch und fein, wenn sie zuvor im Ofen leicht geröstet wurden. Dafür den Backofen auf 150°C Ober-/Unterhitze vorheizen. Die ganzen Nusskerne oder Mandeln auf einem Backblech verteilen und im Ofen auf der mittleren Schiene 10 bis 12 Minuten rösten. Aus dem Ofen nehmen, vollständig abkühlen lassen und dann je nach Rezept hacken oder mahlen. Für den jederzeit einsatzbereiten Nussvorrat die abgekühlten Nusskerne in eine luftdicht verschließbare Dose füllen.

Kuvertüre

Jede Kuvertüresorte schmeckt etwas anders und hat andere Verarbeitungseigenschaften. Probieren Sie deshalb einfach nach und nach aus, welche Sorte Ihnen am besten schmeckt und mit welcher Sie gut klarkommen. Damit die Kuvertüre gleichmäßig schmilzt, sollten Sie diese zuvor unbedingt klein hacken. Dann geben Sie sie in einer Metall- oder Porzellanschüssel in ein heißes Wasserbad und lassen Sie unter Rühren bei schwacher Hitze langsam schmelzen. Ist Ihnen die geschmolzene Kuvertüre zu dickflüssig? Einfach 1 TL geschmacksneutrales Öl oder ein kleines Stück Kakaobutter (aus dem Bio-Laden) unterrühren und schon fließt sie besser.

Läuterzucker

Zum Tränken von Kuchen und Tortenböden für mehr Saftigkeit bereite ich Läuterzucker auf Vorrat zu: 200 ml Wasser mit 200 ml Zucker in einem Topf aufkochen, in ein Twist-off-Glas füllen und abkühlen lassen. Gut verschlossen hält er sich über Monate im Kühlschrank. Sie können ihn dann noch mit Alkohol oder Fruchtsäften verfeinern und mit Hilfe eines Pinsels auf den Boden auftragen.

Marzipan

Ich stelle Marzipanmasse gerne selbst her, indem ich zu gleichen Teilen geschälte Mandeln und Puderzucker mit ein paar Tropfen Rosenwasser im leistungsstarken Küchenmixer zu einer feinen Paste püriere.

Mehl

Das Mehl sollte immer gesiebt werden. So kommt Luft ins Mehl und das Backwerk wird schön locker. Wenn im Rezept Backpulver dabei ist, siebe ich dieses immer zusammen mit dem Mehl, z.B. auf einen Bogen Backpapier. Jedes Mehl hat eine andere Beschaffenheit und nimmt unterschiedlich viel Flüssigkeit auf, vor allem bei Hefeteigen macht sich das rasch in einer zu klebrigen oder zu festen Konsistenz bemerkbar. Daher kann es immer mal sein, dass Sie etwas mehr Mehl oder Flüssigkeit zu einem Teig dazugeben müssen.

Rumrosinen

Dafür Rosinen in einem Schälchen oder einem Twist-off-Glas mit Rum bedecken und zugedeckt mindestens 24 Stunden ziehen lassen. Die Rosinen halten sich im Kühlschrank mehrere Monate und werden immer aromatischer.

Sahne aufschlagen

Ich schlage die Sahne in der Küchenmaschine erst auf kleiner Stufe mindestens 2 Minuten, bevor ich auf eine höhere Stufe schalte. So wird die Sahne schön luftig und leicht.

Schnelle Schokoladenglasur

200 g gehackte Kuvertüre über dem heißen Wasserbad unter Rühren langsam schmelzen. 2 EL geschmacksneutrales Öl unterrühren, es sollten keine Ölschlieren zu sehen sein. Das kalte Gebäckstück damit überziehen oder die Glasur mit dem Pinsel auftragen. Gebäck kühl stellen, bis die Glasur fest ist.

Stäbchenprobe

Bei Rührteigen zeigt die Stäbchenprobe recht zuverlässig, ob der Kuchen schon gar ist. Dafür mit einem langen Holzstäbchen (Schaschlikspieß) in die Mitte des Kuchens stechen und es dann langsam wieder herausziehen. Der Kuchen ist fertig, wenn kein Teig mehr am Stäbchen haften bleibt. Andernfalls einfach noch einige Minuten weiterbacken.

Sterilisieren von Gläsern und Flaschen

Gläser und Flaschen für Eingemachtes oder Konfitüren müssen absolut sauber sein, damit der Inhalt nicht durch Keime verdirbt und schimmelt. Gläser und Deckel für alles, was anschließend im Backofen eingekocht wird, zunächst gründlich mit heißem Wasser und Spülmittel reinigen, Spülmittelreste gut ausspülen. Dann die Gläser mit kochend heißem Wasser ausspülen und mit der Öffnung nach unten auf ein sauberes Küchentuch stellen. Die Gummiringe in einem Topf mit Wasser aufkochen und anschließend bis zur Verwendung im heißen Wasser lassen. Gläser und Deckel für Konfitüre, die nur heiß abgefüllt wird, in einem Topf mit Wasser kochen und erst zum Befüllen aus dem heißen Wasser nehmen.

Unterziehen von Zutaten

Biskuitmassen, Eischnee oder geschlagene Sahne enthalten viel Luft und fallen leicht wieder zusammen, wenn sie zu heftig geschlagen oder gerührt werden. Deshalb werden diese zarten, schaumigen Massen nur ganz vorsichtig unter die übrigen Zutaten gehoben oder gezogen. Das geht am besten mit einem Schneebesen oder einem Teigspatel.

Vanillezucker

Sammeln Sie ausgekratzte Vanilleschoten, legen Sie diese in ein Glas mit Deckel und füllen Sie das Glas mit Kristallzucker. Nach und nach nimmt der Zucker das feine Vanillearoma an und kann dann als Vanillezucker verwendet werden. Ich mixe den Zucker mit den ganzen Schoten anschließend noch mit einem leistungsstarken Küchenmixer ganz fein und erhalte so einen besonders aromatischen Vanillezucker.

Zitrusfrüchte reiben

Für Kuchen mit Zitrusfruchtschalen unbedingt Bio-Früchte verwenden, da ihre Schale nicht behandelt ist. Ich reibe die Schalen immer direkt in die Rührmasse oder zu den Teigzutaten, damit keine aromagebenden ätherischen Öle verloren gehen – werden sie zuerst auf einen Teller gerieben, bleiben die Öle auf diesem haften.

Zutaten

Was wäre das beste Rezept ohne qualitativ hochwertige Zutaten? Ich achte immer darauf, die besten Eier zu benutzen, und Mehl, dass ich entweder selbst aus Getreidekörnern in der Getreidemühle mahle oder in einer Mühle in der Region kaufe.

Register

Franzi Schweiger

Klettern, snowboarden, Kanu und Motorrad fahren. Mitinhaberin von Münchens kleinstem Sternerestaurant, dem „schweiger²". Den Onlineversand für Kuchen und Gebäck „Franzis Patisserie", die Backkurse, die Backsendung bei TLC. Wie schafft das diese Frau, die obendrein auch nicht auf den Mund gefallen und sympathisch ist? Durch Meditation? Denn Backen ist ja ihr Yoga. „Durch Leidenschaft", sagt die gelernte Konditorin, die 2001 aus Rosenheim nach München kam. Die schon immer für die süßen Sünden schwärmte und schon als Kind „mitbatzen" durfte.

© 2016 ZS Verlag GmbH
Kaiserstraße 14 b
D-80801 München

ISBN 978-3-89883-466-7
1. Auflage 2016

Projektleitung: Eva-Maria Hege, Ines Alms
Rezepte: Franzi Schweiger
Vorwort: Dr. Claudia Lanfranconi
Redaktionelle Mitarbeit: Alexandra Gudzent
Lektorat: Karin Kerber
Grafische Gestaltung: Irene Schulz
Fotografie: Stefan Braun
Fotoassistenz: Tobias Holz
Foodstyling: Franzi Schweiger
Herstellung & Producing: Jan Russok
Druck & Bindung: optimal media GmbH, Röbel

Der Kuchen auf dem Coverbild ist der Matchatee-Marmorkuchen (Rezept siehe S. 146).

Die ZS Verlag GmbH ist ein Unternehmen der Edel AG, Hamburg.
www.zsverlag.de | www.facebook.com/zsverlag

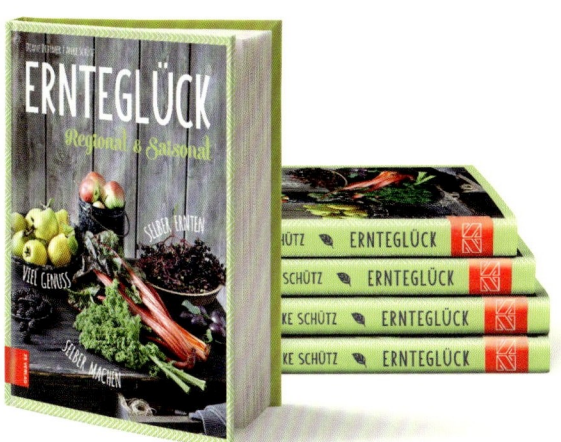